Eina

Dello stesso autore nel catalogo Einaudi

Canton Express

Giuliano da Empoli

L'ora dei predatori

Il nuovo potere mondiale visto da vicino

Traduzione di Simona Mambrini

Einaudi

www.einaudi.it

ISBN 978-88-06-27061-2

L'ora dei predatori

Tra gli eroi di cui Plutarco ci racconta le vite esemplari,
i gentiluomini sono una rarità.

CURZIO MALAPARTE, *Tecnica del colpo di Stato*

Quando le prime notizie dello sbarco di Hernán Cortés raggiunsero la capitale dell'impero azteco, Montezuma II convocò subito i suoi piú prossimi consiglieri. Che attitudine bisognava adottare nei confronti di questi inattesi visitatori, arrivati da chissà dove a bordo di curiose città galleggianti?

Gli uni erano dell'idea che gli intrusi andassero respinti senza indugio. Non sarebbe stato difficile per le truppe imperiali avere la meglio su qualche centinaio di spudorati che avevano osato penetrare nelle terre della Triplice alleanza senza esservi invitati. «Sí ma», obiettarono gli altri. Stando ai primi resoconti, gli stranieri sembravano dotati di poteri soprannaturali: erano interamente ricoperti di metallo, contro il quale le frecce piú acuminate non avevano nessun effetto. Cavalcavano bestie grandi come cervi che gli obbedivano in tutto e per tutto. E, soprattutto, padroneggiavano il soffio del fuoco e il tuono delle cerbottane, che gli permettevano di uccidere chiunque si opponesse alla loro volontà. E se invece di barbari spudorati fossero stati degli dèi? E se il loro capo, bianco e barbuto, dall'elmo scintillante, fosse stato il dio scacciato, il serpente piumato Quetzalcóatl, che tornava sulle sue terre?

Stretto tra questi opposti pareri, l'imperatore fece ciò che, da sempre, i politici fanno in situazioni del genere: decise di non decidere. Inviò agli stranieri una delegazione carica di doni, per impressionarli con la munificenza del suo regno, ma gli vietò di dirigersi verso la capitale. Il risultato fu quello che, da sempre, questo genere di esitazioni tende a produrre: avendo voluto evitare la guerra a costo del disonore, Montezuma ottenne sia il disonore sia la guerra.

Nel corso degli ultimi tre decenni, i responsabili politici delle democrazie occidentali si sono comportati, nei confronti dei *conquistadores* del digitale, esattamente come gli aztechi del XVI secolo. Si sono sottomessi ai lampi e ai tuoni di Internet, dei social e dell'intelligenza artificiale, nella speranza che un po' di polvere magica si riversasse su di loro.

Ho perso il conto del numero di volte in cui mi è capitato di assistere a questi rituali di degradazione. In qualsiasi capitale, la scena è sempre la stessa. L'oligarca sbarca dal suo jet privato, di malumore per il fatto di essere costretto a sprecare il suo tempo con un capo tribale, mentre potrebbe impiegarlo piú utilmente in qualche impresa postumana. Dopo averlo accolto con gli onori di una visita di Stato, il politico dedica la maggior parte dell'incontro a supplicarlo di concedergli un polo di ricerca, un laboratorio di sviluppo dell'IA, e finisce con l'accontentarsi di un selfie frettoloso all'uscita.

Ma, come nel caso di Montezuma, la loro insipienza non è servita a garantire la sopravvivenza dei nostri governanti. Dopo aver fatto mossa di rispettare la loro autorità finché erano in posizione di inferiorità, i *conquistadores* hanno progressivamente imposto il loro regno. Oggi è scoccata l'ora dei predatori e ovunque le cose stanno evolvendo in modo tale che tutto ciò che deve essere deciso lo sarà con il fuoco e con la spada.

Questo piccolo libro è il resoconto di quei fatti, scritto dal punto di vista di uno scriba azteco e alla sua maniera, per immagini, piú che per concetti, nell'intento di cogliere il soffio di un mondo che sprofonda nell'abisso e la gelida morsa di un altro che prende il suo posto.

New York, settembre 2024.

Quattro uomini vestiti di marrone accompagnano il presidente dell'Autorità palestinese. Uno è un po' piú alto, un altro un po' piú in carne, ma hanno tutti gli stessi capelli grigi, la pelle ruvida, l'espressione usata dei burocrati o degli ex guerrieri diventati burocrati. Quando si siedono, l'orlo dei pantaloni marroni si alza sopra i corti calzini grigi infilati in scarpe di poco prezzo. Mentre 'Abbās intona il suo monologo sulla tragedia in corso, gli uomini marroni si mantengono perfettamente immobili, un'unica espressione di vago rammarico sui quattro volti. A un certo punto, il loro capo traccia un parallelo con le guerre del 1948 e del 1967, che hanno costretto centinaia di migliaia di palestinesi all'esilio. Chissà dov'erano loro, gli uomini in marrone, all'epoca. Appena nati, forse, e poi adolescenti, sballottati chissà dove dagli azzardi violenti della Storia. Ma la loro espressione non cambia, sono troppo stanchi. E non cambia neppure quando prende la parola il presidente francese. Qualcuno, forse, capisce la lingua. Altri devono aspettare la traduzione dell'interprete. Ma nulla sembra poter penetrare il muro del loro sfinimento.

Finché non viene pronunciata una parola. Una sola parola, inaspettata nel flusso di tutte le parole convenzionali, prestabilite tra i milioni di parole che popolano questo tipo di incontri. A quella parola, gli uomini vestiti di marrone si ridestano. I loro corpi afflosciati si drizzano verso i due presidenti, un luccichio improvviso gli brilla negli occhi. Tirano fuori dei taccuini, iniziano a prendere appunti, scambiandosi a tratti sguardi furtivi, quasi compiaciuti.

Nessuno piú di Lula incarna «quel misto di statista e di bambino» che Mérimée aveva già notato in Palmerston. Si confonde, chiama Macron «Sarkozy», anche lui ne ha viste tante: i genitori analfabeti, una vita da operaio, trent'anni di lotte, il carcere, poi due mandati da presidente del Brasile, la *Bolsa família* che ha fatto uscire dalla povertà assoluta milioni di brasiliani. Poi la caduta, di nuovo la prigione per uno scandalo assurdo e infine l'assoluzione, la resurrezione e, a settantasei anni, di nuovo l'elezione alla presidenza. Non c'è un leader al mondo che possa vantare un percorso del genere. Lula scherza, provoca, ne ha viste di tutti i colori, ma è poi capace di epifanie improvvise, sa far ridere e sa emozionare, entra in una stanza piena di capi di Stato e la fa sua.

Al termine dell'incontro evoca Haiti, la sua capitale nelle mani delle gang, e assume l'impegno di occuparsene personalmente. Macron gli presenta Dany Laferrière, per l'appunto originario di quella terra. Lula si entusiasma, lo abbraccia, lo prende a pacche sulle spalle, come un fratello ritrovato. «Ed ecco qui un altro scrittore», gli dice Macron. «Ma io sono solo italiano», gli dico, un po' imbarazzato. Lula ride, mi consola con un abbraccio.

La guardia del corpo del presidente iraniano si è piazzata davanti alla porta della saletta dove il suo capo è a colloquio con il presidente francese. L'agente della sicurezza dell'Eliseo gli si avvicina: «Signore, non può stare qui». L'iraniano non si scompone. Il francese insiste: «Vedo che porta un'arma. Non è consentito. Siamo in territorio francese». L'iraniano lo squadra: «Dentro c'è il mio presidente». «Anche il mio, le assicuro che non corre alcun pericolo». L'iraniano acconsente a spostarsi di qualche centimetro. Interviene allora l'agente dei servizi segreti americani. «Signore, non può stare qui». L'iraniano non si scompone. «Per di piú, vedo che ha con sé un'arma. Non è consentito. Siamo in territorio americano». Il francese ha un attimo di smarrimento. L'iraniano ne approfitta per riguadagnare la posizione iniziale davanti alla porta. «Signore, non può stare qui!» E il teatrino ricomincia.

Come la Waterloo di Fabrizio del Dongo, l'Assemblea generale delle Nazioni Unite non può essere vista nel suo insieme. C'è il punto di vista dei leader, convinti di essere il motore del mondo, il piú delle volte soggetti alla necessità, talvolta capaci di fare la differenza, non sempre per il meglio. C'è quello dei consiglieri e degli sherpa, che tessono la loro tela e si scambiano sguardi d'intesa, perché conoscono il prima e il dopo, ciò che accade sulla scena e ciò che si sottrae allo sguardo. E c'è quello delle guardie del corpo che si scrutano in cagnesco e soffrono perché la nozione stessa di un perimetro di sicurezza qui è un miraggio.

Ora, prendete questi tre livelli: i leader, i consiglieri e le guardie del corpo, e moltiplicateli per centonovantatre, il numero di delegazioni nazionali presenti all'Assemblea. Ciascuna con la sua irriducibile convinzione di essere al centro del mondo. Anche Tuvalu. Anche Timor Est. Comincerete a capire perché le Nazioni Unite non possono funzionare. Ma forse anche perché non possiamo farne a meno.

«La cosa piú spaventosa del mondo è che ognuno ha le proprie ragioni». La constatazione di Jean Renoir assume qui la forma di un'istituzione la cui vocazione è di far incontrare tutte queste ragioni. Non si tratta però di un processo teorico. L'Assemblea generale delle Nazioni Unite è innanzitutto una questione di corpi.

I corpi dei leader, abituati agli ampi spazi dei palazzi in cui risiedono abitualmente, che si ritrovano stretti nei corridoi e nelle stanze claustrofobiche del Palazzo di Vetro (mai nome fu meno azzeccato). I corpi dei consiglieri, degli sherpa, appollaiati sui loro seggiolini, che aspettano di cogliere nel flusso delle formule rituali la parola che gli consentirà, nonostante tutto, di fare qualche passo avanti. E i corpi delle guardie del corpo, che non riescono a fare il loro mestiere, s'innervosiscono o la prendono con filosofia, corrono per non restare indietro, si scontrano con altri corpi.

Il corpo dei potenti è un'entità astratta. Immerso nel fasto dei rituali che ne scandiscono la vita, negli ori dei palazzi, nelle sirene dei cortei, diventa un simbolo, l'incarnazione di un'entità collettiva, la nazione, lo Stato. Ma perché la metamorfosi si produca, perché un semplice corpo umano possa diventare l'incarnazione di milioni di altri, ha bisogno di spazio: le «loro dimensioni eccessive per il numero esiguo degli ospiti», il silenzio e «il lusso immobile» che Flaubert attribuiva alle residenze reali.

Nell'antico Egitto, i gradini che portavano ai piedi del faraone erano piú alti del necessario per mettere tutti in condizione di inferiorità. A Berlino, la cancelleria costruita da Albert Speer per Hitler consisteva essenzialmente in un interminabile corridoio di centocinquanta metri che i visitatori dovevano attraversare prima di raggiungere l'ufficio dalle pareti rosso sangue dove li attendeva il Führer.

Distanza, inaccessibilità: piú l'individuo è lontano, piú il simbolo astratto prevale sul corpo fisico. Peccato che gli spazi alla sede dell'Onu siano troppo esigui, affollati come sono di potenti: quest'anno ottantasette capi di Stato e ventotto capi di governo, senza contare i ministri, gli ambasciatori, i presidenti delle organizzazioni internazionali, l'Unione Europea, la Nato. Di conseguenza, la trasfigurazione non può avvenire e il corpo fisico persiste.

Una volta all'anno, all'Assemblea generale delle Nazioni Unite, è il momento in cui gli uomini di potere tornano a essere corpi.

E sono tutti corpi in movimento. Sfrecciano nei corridoi per arrivare puntuali agli appuntamenti, o almeno non troppo in ritardo. Si stipano negli ascensori, perché non entrare significa restare indietro, senza alcuna garanzia di ritrovare gli altri in un secondo tempo. Si fanno strada tra microfoni e telecamere per arrivare nella sala gremita dove forse sta succedendo qualcosa. Qualcosa che potranno raccontare ai loro nipotini. O, piú probabilmente, qualcosa che l'indomani mattina avranno già dimenticato.

Si aspetta o si corre, non ci sono vie di mezzo. È il ritmo dell'Assemblea generale, che è anche quello della politica ordinaria. C'è molto da annoiarsi: come dice Woody Allen, il novanta per cento del successo sta nell'essere presente. Esserci. Poi, ogni tanto, bisogna scattare.

L'ipotesi suggestiva, avanzata da Ortega y Gasset, di un'origine sportiva dello Stato, trova qui la sua conferma eclatante. I livelli di testosterone sono cosí alti che gli scontri fisici non sono rari.

Tanto piú che i corpi coinvolti sono quasi esclusivamente maschili. Le donne costituiscono meno del dieci per cento dei partecipanti all'Assemblea generale. Il segretario generale delle Nazioni Unite, António Guterres, ha appena deplorato questo fatto per l'ennesima volta nel suo discorso, ma è improbabile che la situazione cambi a breve termine: la stessa Onu non ha mai avuto una donna alla guida. In piú, gli uomini qui riuniti non sono uomini come gli altri. Se la politica è la continuazione della guerra con altri mezzi, ne consegue che questa attività tende ovunque ad attrarre i caratteri piú violenti, quelli che trovano un senso alla vita solo nella lotta.

Due delegazioni, ciascuna con il suo capo, i suoi sherpa, il suo responsabile del protocollo, le sue guardie del corpo, il suo agente del *secret service*, si precipitano in un corridoio stretto. Ciascuna è il centro del mondo, ha un appuntamento vitale e impossibile da rispettare. Corrono in direzioni opposte, si scontrano. Ciascuna vuole che si scansi l'altra, nessuno di questi uomini è abituato a cedere il passo, tutti sono abituati alle strade chiuse al traffico, alle passerelle d'onore, ai cordoni che tengono gli ostacoli a distanza. Stupore, scoppi di voci, la tensione sale, i corpi si afferrano l'un l'altro, iniziano a spintonarsi. Poi all'improvviso i capi si riconoscono. È Boric, il presidente cileno, un cinghialetto che ostenta una tale determinazione da far venire subito il sospetto che non sia in grado neppure di spostare una sedia. I due presidenti si abbracciano. Il conflitto è temporaneamente disinnescato. Tutti si rimettono a correre.

Dieci anni fa, quando mi capitava di accompagnare il presidente del Consiglio italiano nei suoi viaggi in giro per il mondo, avevamo inventato uno stupido giochino con il suo portavoce, appassionato come me di serie televisive. All'epoca esistevano tre grandi categorie di serie politiche. La prima, che si potrebbe definire eroica, comprendeva produzioni quali *West Wing*, che ritraevano la politica come una competizione virtuosa tra persone generalmente competenti e benintenzionate. La seconda categoria, piú fosca, dipingeva la politica come una giungla hobbesiana in cui nessuno è innocente e l'unica regola è quella della sopravvivenza. Era la categoria di *House of Cards*, molto popolare tra i politici perché li ritraeva come personaggi machiavellici, brillanti e privi di scrupoli, immersi in un'esistenza appassionante fatta di intrighi e tiri mancini. La terza categoria, al contrario, quella di sit-com come *The Thick of It* e *Veep*, del grande Armando Iannucci, mostrava la vita politica per quel che è: una continua commedia degli errori, in cui i personaggi, quasi sempre inadeguati al ruolo che ricoprono, cercano di barcamenarsi per trovare una via d'uscita da situazioni impreviste, spesso assurde e a volte ridicole.

Al termine di ogni giornata di viaggio, io e Filippo facevamo un bilancio: qual era la percentuale di *West Wing*, *House of Cards* e *Veep*? Il risultato era, in genere, all'incirca il dieci per cento di *West Wing*, il venti per cento di *House of Cards* e il resto di *Veep*. All'epoca ci ridevamo su: era un modo come un altro per stemperare la tensione e la stanchezza che sempre si accumulano in quelle occasioni. Per di piú, il primo ministro australiano Malcolm Turnbull si era involontariamente unito alla partita, adottando per le elezioni del 2016 lo slogan «*Continuity with change*», che era il motto della campagna presidenziale del protagonista nella quarta stagione di *Veep*. «Abbiamo cercato lo slogan elettorale piú insensato che ci venisse in mente», avevano commentato gli ideatori della serie.

Da allora, va detto, i tempi si sono fatti decisamente piú cupi. L'attualità offre sempre meno occasioni di farsi una risata. In teoria, l'agenda del presidente francese prevede un incontro con «Sua Eccellenza Benjamin Netanyahu, primo ministro di Israele» alle 10.15 del 25 settembre. Nelle ultime ventiquattr'ore, però, in risposta ai razzi che piovono su Israele, l'esercito israeliano ha lanciato un'offensiva aerea su larga scala nel Sud del Libano. Si contano già centinaia di morti e decine di migliaia di persone hanno dovuto lasciare le loro abitazioni per cercare rifugio piú a nord. Di conseguenza, la presenza di Netanyahu a New York è in forse. Difficile immaginarlo tenere un discorso alle Nazioni Unite nel bel mezzo di un'operazione di questa natura. La Francia, da parte sua, chiede la convocazione di una sessione d'emergenza del Consiglio di Sicurezza, con l'obiettivo di scuotere gli Stati Uniti dal loro prolungato torpore e indurli a unirsi alla Francia nel chiedere un cessate il fuoco tra Israele e Ḥezbollāh.

Una tessera essenziale del puzzle è rappresentata dall'Iran, nemico giurato di Israele e grande sostenitore degli Ḥezbollāh libanesi. Per l'appunto, l'*advance team* della presidenza iraniana fa il suo ingresso nella saletta dell'ufficio francese per ispezionare i luoghi. L'ultima volta che li ho visti era all'Assemblea generale del 2015, prima dell'incontro tra il primo ministro italiano e il presidente iraniano. Quella volta si erano presentati con due ventilatori di marca Dyson, appena prima che arrivasse il loro capo, disteso, sorridente. Mancavano poche settimane all'accordo sul nucleare e i rapporti tra la Repubblica islamica e l'Occidente sembravano volgere al bello.

A questo giro, l'atmosfera è differente. Niente ventilatori. L'*advance team* ispeziona minuziosamente la piccola sala, alla ricerca di non si sa cosa. Un microfono? Una bomba? Tutti e due? Arriva la delegazione vera e propria: il neoeletto presidente dopo la morte del suo predecessore in un incidente in elicottero, il ministro degli Esteri, due consiglieri, gli abiti neri, le barbe lucenti, i volti chiusi.

Come di consueto, l'incontro si svolge su tre livelli. Nella saletta, il presidente Pezeshkian recita la sempiterna litania che ripeterà pari pari anche nell'aula dell'Assemblea. «Voi occidentali ci attaccate per delle sciocchezze, insorgete ogni volta che nel nostro Paese un criminale viene messo in prigione e, allo stesso tempo, permettete che migliaia di innocenti vengano massacrati a Gaza e in Libano. Dovreste ribellarvi, non solo in quanto leader politici, ma innanzitutto in quanto esseri umani».

Fuori, nel frattempo, le guardie del corpo eseguono il balletto di cui sopra. Eppure, come talvolta accade in questi rituali prefissati, una breccia si apre al livello intermedio, quello degli sherpa alla ricerca dell'occasione per riannodare il filo del dialogo. Al termine dell'incontro, uno degli iraniani si avvicina a Emmanuel Bonne, lo sherpa del presidente francese. Si presenta e avvia una breve conversazione. I due tirano fuori i biglietti da visita. «*Let me give you my mobile number*». Bonne aggiunge a mano il suo numero di cellulare. Un filo infinitamente fragile si è materializzato dal nulla. Chissà che non conduca da qualche parte.

È il miracolo dell'Assemblea generale: l'ultimo posto in cui persone che di solito non si parlano possono farlo. Tranne quando le persone non si presentano. L'incontro bilaterale con Netanyahu è stato ufficialmente cancellato. Eppure, il presidente di Cipro dice che Netanyahu dovrebbe arrivare in nottata, pare che i due alloggino nello stesso hotel. «Di solito i ciprioti sono ben informati», commenta il suo omologo francese, tra l'ironico e l'ottimista.

L'altro spettro che si aggira nel Palazzo di Vetro è quello di Putin. Lo zar non è presente, ma il suo ministro degli Esteri, Lavrov, tuona nell'aula dell'Assemblea generale: «La speranza dell'Ucraina di sconfiggere la Russia sul campo di battaglia è insensata, dato che Mosca possiede armi nucleari, e qualsiasi sforzo della Nato per continuare ad aiutare Kiev si rivelerà una spedizione suicida».

Il rappresentante permanente della Francia presso le Nazioni Unite mi racconta dei suoi incontri con Vladislav Surkov, l'ex spin doctor di Putin che si prendeva per un artista, durante i primi negoziati sull'Ucraina. Descrive un personaggio freddo, molto preparato, piú brutale di quanto avessi immaginato. «Gli altri russi tremavano, quando lui entrava nella stanza. E non faceva neppure finta. Quando gli ponevamo il problema dei separatisti, che il Cremlino fingeva di non controllare, lui rispondeva: non preoccupatevi, ci penso io».

In un'altra occasione, anche Bonne mi aveva descritto il suo Surkov: un negoziatore brutale, che poteva diventare fisicamente minaccioso, come spesso i russi di quello stampo, ma anche brillante, capace di gesti sorprendenti. «Senza di lui, resta solo la brutalità», mi aveva confidato lo sherpa con una punta di rammarico.

Tre mesi prima dell'invasione dell'Ucraina, Surkov, destituito da Putin poco tempo addietro, pubblicava un articolo in cui diceva già tutto. Ogni società, scriveva, è soggetta alla legge fisica dell'entropia. Per quanto stabile possa essere, in assenza di interventi esterni finisce per produrre caos al suo interno. Fino a un certo punto è possibile gestire questo caos, ma l'unico modo per risolvere il problema una volta per tutte è esportarlo. Secondo Surkov, i grandi imperi della Storia si rigenerano trasferendo il caos che producono al di fuori dei loro confini. È stato cosí per i Romani nell'antichità e, secondo l'autore, vale anche per gli americani nel XX secolo. E per la Russia, «per la quale la costante espansione non è solo un'idea, ma la profonda ragione esistenziale della nostra storia».

Come tutti quelli che fanno il suo mestiere, Surkov non determina gli eventi, si limita ad aggiungere uno strato di cinismo intellettuale – *visto che questi misteri ci sfuggono, fingiamo almeno di esserne gli orchestratori* –, il che nulla toglie all'interesse delle sue riflessioni. Tutti quelli che, come lui, hanno compiuto il viaggio al centro del reattore e sono disposti a riferire qualcosa, per quanto manipolatori siano, hanno in comune una qualità, la pertinenza, raramente posseduta da coloro che osservano la macchina dall'esterno.

La prima vittima della sinistra strategia descritta da Surkov è oggi l'Ucraina. Il presidente francese incontra Zelens'kyj a tu per tu. Stavolta non c'è spazio per la trama degli sherpa. È forse il momento piú drammatico dall'inizio della guerra. Gli ucraini sono allo stremo, l'esercito russo, che ha già subito centinaia di migliaia di perdite, avanza, indifferente a qualsiasi costo umano, e le elezioni americane minacciano di far implodere una coalizione internazionale sempre piú incerta.

Ignoro cosa si siano detti i due leader nel bunker sotterraneo che ospita l'unità di crisi sull'Ucraina. Quello che so è che non avevo mai assistito a una scena come quella che si è verificata alla fine dell'incontro. Dopo mezz'ora, Macron apre la porta; il suo viso, una maschera di cera. Fa per andarsene, la riunione è finita. In quel momento, spunta Zelens'kyj. Piccolo, muscolare nella tenuta militare che il mondo ha imparato a riconoscere, ha il viso disfatto, sconvolto. Sembra sull'orlo del pianto. Afferra Macron da dietro e gli sussurra qualcosa all'orecchio. Una supplica. Il presidente francese si volta e gli risponde. I due si parlano ancora per un minuto, molto tesi, vicinissimi, senza che nessuno possa udirli. Poi finalmente Macron cambia espressione: non sorride, ma rilassa la mascella. «È un'idea», dice. E lascia Zelens'kyj sulla soglia.

Quando il caos oltrepassa un certo stadio, l'unico modo per ristabilire l'ordine è individuare un capro espiatorio. E il leader, chiunque egli sia, è sempre un capro espiatorio in attesa. Tolstoj lo paragona a «un montone ingrassato per il macello». Ingrassato dai trionfi, dall'obbedienza dei suoi sudditi, dal potere e dalla fortuna, per poi essere improvvisamente abbattuto dalla stessa forza che lo ha elevato. Auguro a Zelens'kyj di sfuggire a questo destino. Ma le leggi della politica tollerano ben poche eccezioni.

I Romani, fini conoscitori della tragedia politica, avevano affiancato la Rupe Tarpea e il Campidoglio. I traditori, condannati a morte, venivano gettati nel vuoto, a pochi metri dal luogo in cui avevano vissuto i loro momenti di gloria. Il principio resta tutt'ora valido, anche se spesso la tragedia assume le sembianze della farsa: dieci per cento *West Wing*, venti per cento *House of Cards*, settanta per cento *Veep*.

Ricordo due viaggi negli Stati Uniti, a distanza di quattro mesi l'uno dall'altro. Durante la prima trasferta – ottobre 2016 – il presidente americano Barack Obama aveva deciso di ricevere l'amico Matteo Renzi per la sua ultima visita di Stato prima di lasciare la Casa Bianca. Picchetto d'onore all'aeroporto, inni nazionali, autostrada per Washington chiusa al traffico. Passiamo la notte alla Casa Bianca. Il mattino dopo, il sole splende sul grande prato immacolato: il presidente americano e sua moglie aspettano il presidente del Consiglio italiano in cima alla scalinata. Su ogni gradino un soldato in alta uniforme, squilli di trombe, diciannove colpi di cannone a salve. Osservo Matteo e sua moglie con un vago senso di irrealtà.

Quattro mesi dopo, ci ritroviamo nello stesso aeroporto di Washington, sbarcati da un volo di linea. La procedura è laboriosa. Il viaggiatore al quale mi accompagno, Matteo Renzi, non piú presidente del Consiglio, appare sospetto all'addetto alla dogana. I colleghi del servizio immigrazione gli hanno rifiutato l'Esta, l'esenzione dal visto a cui, in linea di principio, hanno diritto tutti i detentori di un passaporto europeo. «Il fatto è che come primo ministro sono andato in Iraq e in Iran». Matteo sorride, l'ironia non gli ha mai fatto difetto.

Detto ciò, in politica non è solo la caduta a essere dolorosa. La verità è che si soffre tutto il tempo. Bisogna esserci tagliati. Come i pesci abissali, abituati a sopravvivere sotto la pressione di migliaia di tonnellate d'acqua marina.

Prendete quest'uomo dall'aria un po' titubante, seduto a un tavolo nella sala da pranzo delle delegazioni, al quarto piano del Palazzo di Vetro, in occasione del pranzo offerto dalla Francia in onore della comunità dell'Accordo di Parigi sui cambiamenti climatici.

È il nuovo primo ministro britannico, Keir Starmer: dopo i fuochi d'artificio di Boris Johnson e il breve mandato del primo capo di governo britannico non bianco della Storia, ecco questo avvocato londinese, sulla sessantina, brizzolato, educato, sorridente, che ricorda la frase su Luigi Filippo: cammina per strada, ha l'ombrello...

Non si può dire certo che abbia avuto un esordio facile. Le gaffe, le rivolte, i tagli al bilancio e persino uno scandalo sugli occhiali, che gli sarebbero stati regalati da un generoso donatore: il risultato è un crollo nei sondaggi, a soli due mesi dal suo trionfo elettorale. Il fatto, checché ne dicano i populisti, è che la politica è un mestiere, e dei piú difficili. Un'attività che espone costantemente al rischio di rendersi ridicoli, di fare la figura dei fessi, anche quando non lo si è per nulla.

Uno dei predecessori di Starmer, Tony Blair, ha da poco pubblicato un libro in cui afferma che i leader politici attraversano generalmente tre fasi. In un primo tempo, quando prendono il potere, sono all'ascolto, sanno di non sapere, cercano di capire come interpretare il loro ruolo. Dopo un po', si convincono di aver accumulato sufficiente esperienza, ne sanno abbastanza da credere di aver capito tutto. È la fase piú rischiosa, quella della *hybris*: «Non sei piú disposto ad ascoltare gli altri, – scrive Blair. – Il capo sei tu, chi ne sa piú di te?» Solo pochi approdano all'ultimo stadio, quello della maturità, quando ci si rende conto che la propria esperienza non costituisce la somma totale della conoscenza politica e si riprende ad ascoltare gli altri. La maggior parte dei leader, scrive Blair, non ci arriva mai.

Il problema è che questo tipo di esistenza non consente di metabolizzare nulla. Il susseguirsi degli impulsi esterni è troppo incessante, il cervello ha appena il tempo di reagire. Solo ad avventura conclusa il politico può tornare sui suoi passi e trarne qualche insegnamento. Sempre che ne abbia la propensione, cosa sempre piú rara. E se non è esploso, come la maggior parte dei pesci abissali quando risale alla superficie.

La grande aula dell'Assemblea generale è l'autentico capolavoro degli architetti che hanno progettato la sede dell'Onu. Si riconosce il tocco di Oscar Niemeyer, che, nonostante le dimensioni, conferisce alla sala l'eleganza tropicale di una delle sue creazioni brasiliane. Non ho mai visto da nessun'altra parte una sala cosí ampia che riesca a generare un tale senso di intimità e comfort. E poi c'è il soffio della Storia: quel podio di marmo verde di Prato, lo sfondo dorato con l'emblema delle Nazioni Unite, le pareti di pannelli di legno scanalato che abbiamo tutti visto mille volte sulle prime pagine dei giornali, nei titoli dei telegiornali, nei film di spionaggio.

I discorsi pronunciati dal podio dell'Assemblea generale occupano un posto a parte nel pantheon dell'oratoria politica mondiale. La potenza retorica di J.F. Kennedy: «Signore e signori, sta a noi decidere. Mai le nazioni del mondo hanno avuto cosí tanto da perdere e cosí tanto da guadagnare. Insieme salveremo il nostro pianeta, o periremo tra le fiamme». Fidel Castro, un anno dopo aver preso il potere a Cuba, che tiene un discorso di quattro ore e mezza all'Assemblea. Lo stesso anno, Nikita Chruščëv che si toglie una scarpa e la sbatte sul tavolo durante l'intervento del delegato filippino. Yāsser 'Arafāt che, nel 1974, si rivolge ai delegati: «Oggi sono venuto portando un ramoscello d'ulivo e il fucile del combattente per la libertà, non lasciate che il ramoscello d'ulivo mi cada di mano». Ronald Reagan che si chiede se l'unico modo per riunire l'umanità intorno a un obiettivo comune non sarebbe per caso una minaccia extraterrestre.

Tutti questi ricordi rendono alquanto sconcertante la scoperta che si fa entrando nell'aula: in qualsiasi momento, non ci sono mai piú di quindici persone che ascoltano quella che parla dal podio. Forse il doppio per i leader piú importanti. Gli altri sono al telefono, lavorano al computer, parlottano tra di loro, si chiedono se per la cena sia preferibile optare per un sushi o per una steakhouse.

Il che non significa che un discorso pronunciato qui non sia importante. Al contrario, è solo l'obiettivo che cambia. Non si tratta di infiammare una sala. Si tratta di inviare il messaggio giusto. Sempre in base allo stesso principio: le poche parole inattese che possono fare la differenza.

Dal podio dell'Assemblea generale, il presidente francese evoca i rischi di discorsi privi di effetto e di una diplomazia impotente. Poi tenta di scongiurare il sortilegio che ha appena evocato pronunciando una di quelle brevi frasi. «Chiediamo con forza a Israele di arrestare l'escalation in Libano e a Ḥezbollāh di cessare il lancio di missili su Israele. Chiediamo con forza a tutti coloro che gliene forniscono i mezzi di cessare di farlo». Tutti quelli che forniscono i mezzi per l'escalation, da entrambe le parti. La bomba è stata sganciata, ma stavolta i suoi destinatari, Stati Uniti in primis, preferiranno far finta di niente.

Per l'appunto è con Biden che il presidente francese ha appuntamento dopo il suo discorso. L'inquilino della Casa Bianca va al Palazzo di Vetro solo per parlare all'Assemblea. Per il resto, tiene il suo quartier generale in un hotel poco lontano, dove devono recarsi tutti coloro ai quali concede udienza.

Sbarchiamo nella hall del *Barclay*, regna un'aria da ultimi giorni prima della caduta di Saigon. Militari, diplomatici, portaborse, uomini d'affari, spie. Un bar, i bicchieri di whisky, qualche birra, le Coca-Cola zero – in fondo sono solo le tre del pomeriggio. Al piano superiore, al riparo di due ulteriori controlli di sicurezza, una grande sala, le colonne, le modanature, le pareti damascate, una folta moquette, tutto quel che piace agli americani. E al centro della sala, come un catafalco, una pesante tenda di velluto dietro la quale il presidente tiene i suoi colloqui.

L'elettricità si accumula tutt'intorno, le delegazioni vanno e vengono. Finalmente una donna, Ursula von der Leyen, minuta, impeccabile, che sprigiona un'energia non diversa dai suoi colleghi maschi. Ma il centro è vuoto. È una strana impressione. Al centro della scena c'è un vecchio signore al quale resta non piú di qualche settimana di regno. Tutti pensano al dopo, mentre lui è ancora lí. Non vorrebbe essere d'intralcio, ma che fare mentre il pianeta è in fiamme? L'ultimo presidente atlantico, l'ultimo combattente della Guerra Fredda, l'ultimo internazionalista: eppure il bilancio della sua politica internazionale non è che un cumulo di macerie.

Contro ogni aspettativa, la delegazione francese esce vittoriosa dal *Barclay*. Gli americani accettano di sostenere l'iniziativa di Macron per un immediato cessate il fuoco in Libano. Un fremito di euforia attraversa la delegazione. Forse qualcosa si muove. Nelle ore successive, l'Unione Europea, la Germania, l'Italia, il Giappone, l'Australia, il Canada, l'Arabia Saudita, gli Emirati Arabi Uniti e il Qaṭar annunciano il loro sostegno all'iniziativa franco-americana. Forse tutto questo, tutta questa agitazione, tutte queste corse, i discorsi e perfino le spinte servono ancora a qualcosa, possono davvero produrre un impatto sulla realtà. Di Netanyahu si dice che sia finalmente in volo verso New York. Il primo ministro israeliano dovrebbe parlare all'Assemblea generale venerdí. La speranza è che annunci il cessate il fuoco provvisorio in quella occasione.

In tarda serata, un calmo senso di soddisfazione si diffonde tra i membri della delegazione francese. Il presidente, l'ambasciatore e i consiglieri si concedono un whisky. I momenti *West Wing* vanno assaporati nelle rare occasioni in cui si presentano. Esultanza controllata di Emmanuel Bonne, l'artefice del piano, che scorre le prime pagine dei giornali online, ripercorre le tappe di questa interminabile giornata e scherza sull'evidente simpatia del presidente americano per la consigliera all'Eliseo per il Medio Oriente.

Penso a Alexandre Kojève, che alla fine degli anni Quaranta ha dismesso i panni di filosofo piú ammirato della sua generazione per rivestire quelli di negoziatore internazionale al ministero dell'Economia. «Adoro questo lavoro, – diceva. – Per l'intellettuale, il successo rappresenta la riuscita. Scrivi un libro, hai successo, fine. Qui è diverso. Si riesce realmente a fare delle cose. Le ho già detto del piacere che ho provato quando il mio sistema doganale è stato accolto. È una forma di gioco superiore».

Oggi, però, la partita si fa sempre piú difficile. I frequentatori di casinò sanno bene che non tutti i giochi hanno le stesse probabilità di successo. Le slot-machine restituiscono solo il sessanta per cento del denaro che inghiottono, mentre al blackjack un buon giocatore può raggiungere il novantanove. Negli ultimi anni, il tasso di successo di sherpa, negoziatori e peacemaker ha continuato a ridursi, quasi fossero stati declassati dall'empireo dei tavoli di velluto verde ai chiassosi corridoi delle slot-machine.

Il mattino seguente, brusco risveglio. Nessuna traccia di Netanyahu alle Nazioni Unite. I bombardamenti continuano senza la minima interruzione. Nel giro di poche ore la situazione si chiarirà. Venerdí 27 settembre il primo ministro israeliano prenderà, infine, la parola all'Assemblea generale e meno di un'ora dopo l'aviazione israeliana raderà al suolo l'isolato della periferia sud di Beirut dove si trovava il bunker del capo di Ḥezbollāh. Nel nuovo mondo, l'Onu non è piú che uno specchietto per le allodole, utile per colpire i nemici quando meno se lo aspettano.

Occupando la Crimea nel 2014, Putin ha infranto il tabú, faticosamente costruito dopo la Seconda guerra mondiale, che vietava a un Paese di ricorrere alla forza per modificare i propri confini. L'invasione del 2022 ha amplificato il messaggio per i piú distratti. La guerra è tornata di moda. I leader che la invocano vincono le elezioni. Alcuni di loro poi passano all'azione. Negli ultimi cinque anni, la spesa per gli armamenti è aumentata del trentaquattro per cento a livello mondiale.

Un fervore guerriero percorre il pianeta e non riguarda solo i regimi autoritari. Gli Stati Uniti sono passati dall'èra di aspri negoziati tra diplomatici a quella della diplomazia cinetica attraverso l'uso delle forze armate. Negli ultimi anni, l'illusione che la supremazia tecnologica possa sostituirsi a un'analisi approfondita delle diverse situazioni locali ha trasformato il ricorso alle armi, fisiche e digitali, da strumento imperfetto ed estrema risorsa in una delle principali molle della politica estera. In un simile contesto, gli sherpa e le loro sottigliezze sono diventati una specie in via di estinzione. Se in passato i diplomatici di carriera rappresentavano i tre quarti degli ambasciatori americani, mentre il resto delle cariche era attribuito ai finanziatori del presidente, a partire dal 2017, Donald Trump ha invertito il rapporto, nominando a tali incarichi una larghissima maggioranza di suoi sostenitori. Il suo ritorno nel 2025 sta conducendo all'estinzione totale degli ambasciatori di carriera.

Anche in Europa, la dolce Europa, chiunque osi appellarsi a uno sforzo diplomatico viene messo alla gogna, gettato nel dimenticatoio della Storia, insieme ai leader stimati fino a ieri, le Merkel, i Prodi, gli Chirac, oggi accusati di ingenuità, o peggio di vigliaccheria, di fronte all'inesorabile durezza del mondo.

Nel frattempo le testate nucleari, che erano diminuite dalla metà degli anni Ottanta, hanno ricominciato a proliferare: la Cina sta costruendo centinaia di silos missilistici nei deserti del Nord, i razzi nucleari della Corea del Nord sono una minaccia diretta per le città della costa occidentale degli Stati Uniti, l'Iran è piú vicino che mai alla produzione della bomba atomica, mentre sull'esito della guerra in Ucraina incombe la minaccia nucleare russa. L'orologio dell'apocalisse, aggiornato dagli eredi dei fisici del Progetto Manhattan, dal 2023 indica 90 secondi alla mezzanotte, l'ora piú vicina alla fine da quando è stato ideato, nel 1947.

Firenze, marzo 2012.

Diversi anni fa, mi sono trovato a seguire i lavori di una missione scientifica che ricercava, dietro gli immensi affreschi del Vasari che ricoprono le pareti della sala grande di Palazzo Vecchio a Firenze, le tracce della *Battaglia di Anghiari* di Leonardo da Vinci.

Per quest'opera incompiuta, della quale ci restano solo i disegni preparatori, il maestro era stato incaricato di raffigurare sulla parete Est della Sala dei Cinquecento un episodio glorioso in cui la Repubblica di Firenze aveva sconfitto il duca di Milano che, con l'aiuto delle famiglie aristocratiche fiorentine in esilio, cercava di impadronirsi della città.

Mentre gli ingegneri si adoperavano con i loro macchinari intorno all'affresco, a me sembrava di vedere il barbuto solitario, inerpicato su un'impalcatura non troppo dissimile, che si metteva all'opera circondato da grandi bracieri accesi. Per l'occasione, Leonardo aveva deciso di recuperare l'antica tecnica dell'encausto, applicando direttamente i colori a caldo sulla parete per poi fissarli con strani arnesi di metallo.

Lungi da ogni intento celebrativo, il suo scopo era quello di raffigurare la guerra in tutta la sua brutalità. Pochi anni prima, Leonardo aveva assistito alla spedizione militare di Carlo VIII, che aveva riportato in Italia un grado di ferocia dimenticato da secoli.

Se gli Stati italiani avevano abbandonato da tempo la cultura marziale, affidando la soluzione delle loro contese a eserciti di mercenari stranieri, i francesi, temprati nella Guerra dei Cent'Anni contro l'Inghilterra, avevano sviluppato un esercito nazionale poderoso e inesorabile. Al contrario degli eserciti italiani, che tendevano a rispettare le popolazioni civili e a non infliggere danni materiali eccessivi a territori che dovranno in seguito governare, i francesi erano già adepti della guerra totale. Quando catturavano un borgo o una piazzaforte, li mettevano a ferro e a fuoco. Guicciardini racconta con orrore la presa di Monte San Giovanni, seguita dall'uccisione di tutti gli abitanti e dall'incendio dell'intero paese.

La guerra è pulsione primaria, caos, distruzione. Lo era già ai tempi di Anghiari, ma lo è ancor piú all'epoca di Leonardo. Per questo il maestro sceglie di raffigurare lo scontro come una mischia selvaggia di uomini senza patria né legge che ricordano piú una muta di bestie affamate che la nobile tenzone di due eserciti nazionali. «Farai prima il fumo dell'artiglieria mischiato infra l'aria insieme con la polvere mossa dal movimento de' cavalli de combattitori, la qual mistione userai cosí». Il maestro stesso ha anticipato l'atmosfera della battaglia che intendeva dipingere. «L'aria sia piena di saettume in diverse ragioni: chi monti, chi scenda, qual sia per linea piana: e le pallottole de gli scoppettieri siano accompagnate d'alquanto fumo dietro di lor corsi».

Tredici anni fa, nonostante i nostri sforzi non siamo riusciti a ritrovare le tracce dell'affresco sulle pareti del Salone dei Cinquecento. Ma oggi è come se il furore guerresco emergesse dietro ogni notizia e il fumo dell'artiglieria della battaglia di Anghiari si mischiasse all'aria che respiriamo.

In Libia, in Medio Oriente, in Ucraina: i confini del continente che ha fondato la sua ricostruzione sulla pace sono diventati un unico campo di battaglia. E giorno dopo giorno la guerra penetra un po' piú all'interno dei confini europei. Si sospetta che, negli ultimi mesi, degli agenti russi abbiano ucciso un transfuga in Spagna, incendiato centri commerciali e depositi in diversi Paesi, piazzato pacchi bomba su diversi aerei cargo e tentato di assassinare l'amministratore delegato della principale industria tedesca produttrice di armi. Per non parlare delle operazioni di disinformazione su larga scala che sempre piú spesso si trasformano in veri e propri cyberattacchi. Non sempre i media hanno accesso all'integralità dei fatti, ma nella maggior parte degli Stati europei i seggi elettorali, ad esempio, sono sistematicamente presi di mira da attacchi informatici durante le elezioni locali o nazionali.

Questa esplosione di violenza risponde a una logica che gli storici militari conoscono da tempo.

Ci sono fasi della Storia in cui le tecniche difensive progrediscono piú rapidamente di quelle offensive. Sono periodi in cui le guerre si fanno piú rare, perché il costo dell'aggressione è superiore a quello della difesa. In altri momenti, invece, sono soprattutto le tecnologie offensive a svilupparsi. Sono periodi cruenti in cui le guerre si moltiplicano perché attaccare è molto piú economico che difendersi. Ai tempi di Leonardo da Vinci, l'artiglieria pesante ha cominciato a diffondersi in tutta Europa, determinando il passaggio da un'epoca relativamente pacifica, durante la quale le fortificazioni erano in grado di respingere la maggior parte degli assalti, a una fase molto piú conflittuale, in cui il progresso dei cannoni in grado di sparare palle di ghisa favoriva gli aggressori. Finché, in risposta alle molteplici incursioni francesi nella penisola, gli architetti svilupparono una tecnica di costruzione militare in grado di resistere agli assalti dell'artiglieria: la fortificazione all'italiana. È in questa fase che la difesa riprende il sopravvento – avendo ritrovato un equilibrio tra tecnologie offensive e difensive – e la pace viene bene o male ristabilita. Piú tardi, lo sviluppo dell'artiglieria mobile, di cannoni in grado di aprire una breccia nelle fortificazioni piú solide, restituirà il vantaggio agli aggressori. Seguiranno nuove guerre e nuove violenze, e cosí via fino ai giorni nostri.

All'indomani della Seconda guerra mondiale e per tutta la durata della Guerra Fredda, la deterrenza nucleare rendeva proibitivo il costo di qualsiasi attacco su larga scala. Ma l'evoluzione del quadro geopolitico e i progressi della tecnologia hanno messo fine a questa fase di relativa calma: l'attentato alle Torri Gemelle, che ha riavviato la

Storia nonostante la sua morte annunciata, è costato meno di un milione di dollari. Oggi una portaerei costata al governo americano dieci miliardi di dollari può essere affondata da due o tre missili ipersonici cinesi da quindici milioni. Fino a poco tempo fa, per abbattere un drone da duecento dollari lanciato dal Libano meridionale, Israele doveva impiegare un missile Patriot da tre milioni di dollari. Per non parlare di un attacco informatico in grado di paralizzare un'intera nazione, a costo praticamente zero.

Oggigiorno attaccare costa meno che difendersi. Molto meno. E il costo continua a scendere. Alcuni sostengono che in futuro un singolo individuo potrà dichiarare guerra al mondo intero, e vincerla. Se si considera che un sintetizzatore di Dna in grado di creare nuovi agenti patogeni letali costa circa ventimila dollari – l'equivalente di un'auto di seconda mano – questa prospettiva non sembra poi tanto inverosimile.

Secondo la stessa azienda che lo produce, l'ultimo modello di ChatGPT, lanciato nell'autunno del 2024, ha aumentato in modo significativo il rischio di un uso improprio dell'intelligenza artificiale per creare armi chimiche, biologiche, radiologiche e nucleari. Tale pericolo è ormai classificato al livello piú alto nella stima dei rischi stabilita dall'azienda; il che però non ha impedito a OpenAI di immettere il prodotto sul mercato, senza che nessuna autorità di regolamentazione sollevasse la minima obiezione.

Ai tempi di Leonardo, le antiche istituzioni, i piccoli Stati e le repubbliche disseminate nella penisola italiana sono stati spazzati via dalla violenza senza limiti. Qualche anno dopo il tentativo del maestro di raffigurare la battaglia di Anghiari sulla parete del Salone dei Cinquecento, la Repubblica di Firenze cesserà di esistere. E nei secoli a venire la penisola si ridurrà a un terreno di scontro per le potenze straniere. Gli italiani dovranno attendere la seconda metà del XIX secolo per ritrovare la loro indipendenza.

Oggi le nostre democrazie sembrano solide. Ma non c'è dubbio che il peggio debba ancora venire. Il nuovo presidente americano si è messo alla testa di un variopinto corteo di autocrati disinibiti, di *conquistadores* tecnologici, di reazionari e di complottisti impazienti di costruire un mondo nuovo. Un'èra di violenza illimitata si profila all'orizzonte e, come ai tempi di Leonardo, i difensori della libertà sembrano particolarmente impreparati al compito che li attende.

Riyad, novembre 2024.

«Il principe ereditario è una persona di un garbo squisito», mi dice uno dei suoi amici mentre passiamo al metal detector del *Ritz Carlton* di Riyad. E chi potrebbe mai dubitarne, osservando quest'uomo cosí affabile mentre accoglie una dozzina di amministratori delegati in una piccola sala tempestata di marmo e di pietre dure che sembra uscita da una fiaba orientale? Sorride tutto il tempo e il suo è un sorriso di una dolcezza disarmante, quasi infantile, lo stesso che si intravede nelle poche immagini del principe da giovane, quando Moḥammad bin Salmān era solo uno tra le centinaia di principi sauditi, e si doveva far voler bene, perché qualcuno si accorgesse di lui. Ha la stazza di un gigante, ma è un gigante buono, la cui mole tondeggiante sembra fatta per avvolgere i presenti in un abbraccio, quel che gli americani chiamano un *bear hug*, un «abbraccio da orso». Intorno a lui, i suoi guardaspalle sono nervosi. Rappresentano l'ultimo bastione dopo i rilevatori di bombe all'ingresso, la doppia fila di guerrieri in *dishdasha* bianca con le sciabole sguainate nel corridoio e l'anticamera piena di cerberi piú moderni in uniforme verde. MbS invece non sprigiona che bonomia. Essere al suo cospetto significa accedere a un'oasi di serenità. Gli ospiti fanno la fila per essergli presentati. MbS ha un sorriso e una parola di incoraggiamento per ciascuno. Nella piccola sala che somiglia a una cappella, cosí ricca di dorature, madreperle e intarsi, sembra di assistere a una prima comunione. O piuttosto a un battesimo. Dall'avvento di MbS, il culto del futuro è diventato la principale religione dell'Arabia Saudita. La città, lunga centosettanta chilometri e larga duecento metri, progettata per accogliere nove milioni di persone che non produrranno la minima emissione di CO_2, la stazione invernale che ospiterà i Giochi olimpici asiatici, il porto galleggiante ottagonale grande trentatre volte la superficie di New York, l'Esposizione universale di Riyad, il nuovo aeroporto e la nuova compagnia aerea, i progetti faraonici sull'idrogeno, i robot e, naturalmente, l'intelligenza artificiale. Tutte cose che stanno accadendo qui, per impulso di questo principe cosí garbato.

Eppure un particolare mi turba. Questo luogo. Il *Ritz Carlton* è di gran lunga l'hotel piú lussuoso della capitale saudita. È qui che soggiornano i capi di Stato in visita, i principi della tech e le pop star in tournée. Qui si tiene l'annuale Davos del deserto, che il principe ereditario organizza dal 2017. Gli uomini d'affari che avevano prenotato una stanza per il 4 novembre di quello stesso anno, però, hanno avuto una brutta sorpresa. La loro prenotazione è cancellata dall'oggi al domani. Peggio ancora, gli ospiti presenti sono stati invitati ad andarsene e sul sito web dell'albergo è spuntato un messaggio che annunciava la chiusura della struttura per un tempo indeterminato. Il che non significa che l'hotel sarebbe rimasto vuoto. È solo che MbS aveva deciso di tenere lí un ricevimento di un genere un po' diverso.

All'epoca MbS non è ancora il principe pieno di garbo che sarebbe diventato in seguito. Designato erede al trono quattro mesi prima, all'età di trentuno anni, circondato da zii e cugini invidiosi, la maggior parte dei quali dispone di risorse illimitate, pezzi interi di Stato, ministeri e forze di polizia, la posizione di MbS sembra ancora precaria. Le malelingue mormorano addirittura che l'abdicazione dell'ex principe ereditario non sia stata cosí spontanea come viene presentata e che una lunga notte di prigionia nel palazzo reale in compagnia degli sgherri di MbS possa aver pesato sulla sua decisione.

Ai primi di novembre, dunque, trecentocinquanta tra gli uomini piú ricchi e potenti del reame hanno ricevuto un invito di quelli che non si possono rifiutare. Le convocazioni erano personalizzate. Alcune provenivano dall'ottantaduenne re Salmān, piuttosto male in arnese, altre direttamente dal figlio. Alcune restavano sul vago circa i motivi, altre invece adducevano precise ragioni. Il principe Mut'ib, per esempio, capo della Guardia Nazionale costituita da centoventimila uomini, era stato informato che un missile yemenita era caduto alla periferia di Riyad, mentre ad altri si facevano balenare lucrosi affari. Il tono non ammetteva repliche: i destinatari erano invitati a presentarsi immediatamente a palazzo reale.

Ma al loro arrivo, sorpresa! Dopo averli separati dalle scorte, le guardie reali si sono fatte consegnare telefoni, portafogli e documenti d'identità. Dopodiché sono stati portati al *Ritz Carlton* e informati che sarebbero stati graditi ospiti del principe ereditario per un periodo indefinito. Il giorno dopo, al loro risveglio, alcuni inservienti molto cortesi hanno consegnato a ciascuno dei trecento fra principi, governatori e miliardari dodici magliette bianche, dodici paia di boxer bianchi, dodici paia di calzini bianchi, tre *jellaba* e tre pigiami. Il soggiorno si preannunciava lungo.

In una suite del *Ritz Carlton*, con i suoi mobili in stile impero, le pareti damascate e i lampadari di cristallo, cerco di immaginare la faccia dei principi, dei ministri e dei miliardari di sangue reale nel ricevere quei dodici set di biancheria. I piú svegli si saranno resi conto in quel momento che stavano per entrare in una nuova realtà. Magari alcuni avranno accolto la novità con sollievo: a volte si prova un certo conforto nell'essere sollevati dalle proprie responsabilità, nel passare dalla libertà alla sudditanza. Altri, è vero, avranno fatto piú fatica. Il principe al-Walid, per esempio, coltivava un certo stile di vita. Sempre in viaggio su uno dei suoi tre aerei, tra il *Savoy* di Londra e la catena dei *Four Seasons*, di cui era il principale azionista, consacrato da «Forbes» tra le prime cinquanta persone piú ricche del pianeta, quando si trovava a Riyad era solito ricevere i suoi visitatori nell'attico al novantanovesimo piano della Kingdom Tower, di sua proprietà, seduto su un trono, circondato da modelle in abiti succinti disegnati da lui stesso. Il principe Salmān aveva gusti piú raffinati. Educato a Oxford e alla Sorbona, girava il mondo alla ricerca di opere d'arte, che distribuiva tra le sue ville nel Sud della Francia e i sei mega yacht costruiti nei cantieri Lürssen di Brema.

Per tutti quanti – principi, membri del governo e miliardari (qualità spesso riunite in una stessa persona) – l'inizio degli interrogatori è seguito immediatamente alla distribuzione dei set di biancheria. E a questo punto la situazione si è fatta un po' meno asettica, avendo MbS deciso, nella sua infinita benevolenza, di invitare i mercenari della Blackwater a coadiuvare i membri della sua guardia personale nelle loro interazioni con i prigionieri. Da quel momento, per tre mesi, nei saloni del *Ritz Carlton*, abituati al tintinnio di calici dei Bellini analcolici, sono echeggiate le suppliche, i gemiti e le urla soffocate di principi e miliardari sottoposti alle dure tecniche di interrogatorio dei veterani della guerra in Iraq. Ciascuno si è visto presentare prove, piú o meno fondate, degli atti di corruzione di cui era accusato e tutti sono stati esortati, con le buone o con le cattive, ad accettare le condizioni di MbS per trarsi d'impaccio.

Di certo questi eventi non escludono che il principe ereditario sia un uomo di un garbo squisito. Ma è anche un personaggio uscito dritto dritto dalle pagine di Machiavelli.

La notte del 31 dicembre 1502, il segretario fiorentino si trova sulla costa adriatica, a Senigallia, dov'è stato inviato come ambasciatore presso Cesare Borgia, detto il Valentino, il quale ha appena riconquistato il suo ducato dopo aver sventato una congiura ordita dai suoi ex alleati, Vitellozzo Vitelli, Oliverotto da Fermo e i fratelli Orsini.

Quella sera regna la concordia. Al termine di intense trattative, la pace sottoscritta dalle varie parti ha permesso al duca di rientrare in possesso delle sue terre. Per suggellare la ritrovata intesa, Borgia, Vitelli e gli altri hanno deciso di occupare la rocca di Senigallia e festeggiare lí il nuovo anno con un sontuoso banchetto. Il Valentino è il primo ad arrivare, ma in segno di cortesia decide di aspettare gli altri prima di fare il suo ingresso trionfale in città. Al loro arrivo, Cesare Borgia si avvicina e stringe uno dopo l'altro in un abbraccio fraterno gli uomini che, tre mesi prima, lo volevano morto. Ne manca solo uno, Oliverotto, ma il Valentino gli manda un messaggero per invitarlo a unirsi a loro. Sarebbe un peccato che si perdesse quel momento. Borgia vuole che entrino tutti insieme in città, in pompa magna, per celebrare la riconciliazione. E cosí fanno, preceduti dalla cavalleria pesante e dalle Guardie svizzere. Un sontuoso banchetto li attende nel palazzo della Signoria. A un certo punto della serata, quando i condottieri, stremati dai festeggiamenti, chiedono il permesso di ritirarsi per la notte, Borgia li prega di seguirlo in un salottino privato per discutere insieme delle strategie future: la presa di Senigallia è solo l'inizio! Poco dopo, però, il Valentino si eclissa con una scusa. In un lampo, un nugolo di uomini armati si getta sugli ospiti e li arresta. Poi le truppe di Borgia disarmano il seguito di Oliverotto e infliggono alla popolazione una spaventosa razzia. Testimone degli eventi, quella sera Machiavelli scrive che, a suo avviso, nessuno dei prigionieri sarebbe arrivato vivo al mattino seguente. L'indomani mattina avrà avuto ragione solo a metà: Oliverotto e Vitelli sono stati effettivamente strangolati nottetempo, ma i fratelli Orsini sono ancora vivi. Dato il loro rango principesco, sarebbero stati giustiziati soltanto quindici giorni dopo.

La vicenda del *Ritz Carlton* ha avuto un esito un po' meno cruento, per quanto uno degli invitati sia deceduto durante un interrogatorio un po' troppo energico. Gli altri se la sono cavata piú a buon mercato. Il capo della Guardia Nazionale è stato destituito e costretto a firmare un assegno di un miliardo per riacquistare la libertà. Sembra che il principe Walīd si sia alleggerito di sei miliardi dopo essere stato sottoposto alla tortura del *waterboarding*. Al momento porta un braccialetto elettronico e non è autorizzato a lasciare il regno. Sempre meglio di quello che è toccato ad altri, come il principe reale Turkī bin Abd Allāh, ex governatore di Riyad, che marcisce ancora in prigione.

Complessivamente, la festa del *Ritz Carlton* ha permesso allo Stato saudita di recuperare piú di cento miliardi per finanziare i progetti faraonici del giovane principe. Ma, soprattutto, l'operazione ha decapitato i centri di potere che minacciavano il dominio di MbS. Per un'élite di principi abituata agli intrighi di palazzo e alla convivenza piú o meno pacifica tra i vari potentati, senza creare scompiglio, affinché la facciata del potere resti unita e impenetrabile, non ci poteva essere shock piú grande. E la paura ha cominciato a farsi strada nell'animo di questi uomini tra i piú viziati del pianeta, che da allora dormono sonni inquieti al ricordo della loro suite d'albergo trasformata in camera di tortura.

«Per che si ha a notare che gli uomini si debbono o vezzeggiare o spegnere: perché si vendicano delle leggieri offese, delle gravi non possono; sí che la offesa che si fa all'uomo debbe essere in modo che la non tema la vendetta». Dieci anni dopo la notte di Senigallia, Machiavelli farà di Cesare Borgia il modello del suo *Principe*: non il sovrano ideale, ma il reale animale di potere, metà volpe e metà leone, capace di usare l'astuzia per blandire gli uomini e la forza per sottometterli.

Cinque secoli dopo, MbS è la sua reincarnazione. Come Cesare Borgia, che coltivava il grandioso progetto di unificare l'Italia sotto il suo patrocinio, MbS coltiva una visione strategica: quella di trasformare l'Arabia Saudita in uno Stato nazionale potente e moderno, libero dall'influenza del fondamentalismo religioso, in cui il potere sarebbe concentrato nelle sue mani. Ma, come nel caso di Cesare Borgia, la costruzione del principe resta fragile, esposta ai rovesci di fortuna.

Nella cappella del *Ritz Carlton*, mi sembra di scorgere ogni tanto un lampo di ironia negli occhi del principe. Come se dietro gli obblighi del protocollo si celasse una realtà parallela, che si rivela solo a sprazzi, negli sguardi sornioni che MbS scambia di nascosto con i pochi membri del suo entourage che annovera tra gli amici: suo fratello Khālid, ministro della Difesa, il principe Badr, ministro della Cultura, Fahad al-Toonsi, responsabile dell'ufficio che sovrintende ai megaprogetti del principe. Tutti uomini giovani, la maggior parte sotto i quarant'anni, e che oggi si ritrovano alla testa di un regno feerico, anche se in teoria nessuno di loro avrebbe dovuto essere lí. Con una sciabolata, MbS ha rovesciato la gerontocrazia che ha governato l'Arabia Saudita per decenni e ha permesso a quegli uomini di insediarsi sul trono con lui. Non è difficile immaginare l'euforia che deve cogliere questi uomini e gli altri, quelli che non si vedono – Saud al-Qahtani, il genio malefico a capo di un esercito di troll, Turki al-Sheikh, l'ex guardia del corpo promossa a gran visir di corte – quando le porte del palazzo di al-Yamāma si chiudono e gli ultimi notabili brizzolati se ne vanno. L'esplosione di energia, come una banda di ragazzini lasciata libera di scorrazzare nella villa disertata dai genitori, il momento degli hamburger di *wagyū*, dei tornei di *Call of Duty* e delle ragazze importate da Londra e Dubai, un'atmosfera da rapina riuscita, la vertigine di chi ha giocato forte e ha fatto saltare il banco.

A pensarci bene, non c'è nulla di strano nel fatto che MbS sia la reincarnazione di Cesare Borgia a distanza di cinque secoli, giacché anche il momento che stiamo vivendo è machiavelliano. Ai tempi di Leonardo da Vinci, il segretario fiorentino decreta la fine delle illusioni. Il sofisticato mondo degli umanisti, con i loro principî e le loro regole, le interminabili contese tra fazioni che affliggono la vita politica della sua patria non hanno piú ragion d'essere di fronte alla geometrica potenza di fuoco degli invasori stranieri. L'autore del *Principe* è indifferente al potere legittimo e alle regole che ne governano l'esercizio e la trasmissione, poiché non appartengono piú alla realtà che lo circonda. Ciò che interessa al fiorentino è capire come il potere si afferma in mezzo al caos, quando tutti combattono contro tutti e la forza torna a essere l'unica regola del gioco. Ereditare un principato è facile. Molto piú difficile è conquistarne uno – e soprattutto mantenerlo – in modo illegittimo.

Il *Principe* è il manuale dell'usurpatore, dell'avventuriero che parte alla conquista dello Stato. Sono molti gli insegnamenti che i Cesare Borgia di ogni tempo possono trarne, ma uno spicca su tutti: la prima legge del comportamento strategico è l'azione. In una situazione di incertezza, quando la legittimità del potere è precaria e può essere messa in discussione in qualsiasi momento, chi non agisce può star certo che i cambiamenti avverranno a suo sfavore.

Se Tolstoj dimostra che la condizione del potente è sempre l'ostacolo, perché la realizzazione della sua volontà dipende da cosí tante altre volontà da diventare praticamente impossibile, al punto che l'ultimo dei suoi fanti è piú libero di Napoleone, l'azione risoluta del principe è l'antidoto a questo male.

È ciò che gli habitué del Cremlino chiamano oggi «controllo manuale». Quando il sistema, con le sue procedure e le sue gerarchie, non produce il risultato auspicato, resta sempre la possibilità di intervenire direttamente, trasgredendo le regole formali, per ristabilire la giustizia sostanziale. Il risultato è una forma di miracolo, nel senso letterale del termine, giacché un miracolo non è altro che l'intervento diretto di Dio sulla Terra.

Ma affinché si produca il miracolo del potere, non basta un'azione decisa. Deve trattarsi anche di un atto avventato, altrimenti che valore avrebbe un'azione che rispondesse semplicemente alla necessità? Sarebbe poco piú che l'atto di un tecnocrate, uno di quei pubblici funzionari grigi e crudeli che agiscono in nome di obblighi superiori, pretendendo di essere gli unici a padroneggiarli. L'essenza del potere sta appunto nel contrario. Goethe narra la storia del vecchio duca di Sassonia, uomo originale e cocciuto, incalzato a riflettere, a ponderare prima di prendere una decisione importante. «Non voglio né riflettere né ponderare, – pare che abbia risposto, – sennò perché essere il duca di Sassonia?»

L'apogeo del potere non coincide tanto con l'azione quanto con l'azione avventata, l'unica in grado di produrre lo shock su cui si basa il potere del Principe. L'ultima cosa che si aspettava il primo ministro libanese Sa'd Ḥarīrī quando è atterrato a Riyad nell'autunno 2017 era di essere imprigionato e costretto a dimettersi. L'ultima cosa che si aspettava Jamal Khashoggi, l'editorialista del «Washington Post», entrando nel consolato saudita di Istanbul per rinnovare il passaporto, era di essere fatto a pezzi, letteralmente, con una sega, nella cantina di quello stesso consolato. E l'ultima cosa che si aspettava il padrone di Amazon, Jeff Bezos, ricevendo un messaggio amichevole dal principe ereditario saudita, era di farsi contagiare da uno spyware israeliano che avrebbe carpito i particolari piú imbarazzanti della sua vita privata per darli in pasto al pubblico. Eppure tutte queste sorprese – e molte altre ancora – sono state prodotte da MbS, il principe ereditario il cui garbo squisito non esclude l'umorismo nero di un Borgia.

New York, settembre 2024.

La tribuna marmorea dell'Onu ha l'abitudine di accogliere gli abbigliamenti piú stravaganti. Le tenute variopinte dei presidenti africani, gli elaborati copricapi dei sovrani asiatici, le geometrie arcane delle uniformi militari rispecchiano la varietà dei costumi del pianeta e non producono il minimo effetto sul pubblico disincantato della sala. Al massimo, qualche anno fa l'eleganza principesca dell'assai corrotto presidente afgano, con i suoi fluttuanti mantelli di seta e i cappelli di àstrakan, strappava un breve moto di approvazione ai pochi esteti presenti.

Quel che capita piú raramente è che un capo di Stato si presenti con indosso un abito di sua creazione, realizzato per lui dalla stilista di Miss Universo. È il caso di Nayib Bukele, il giovane presidente di El Salvador, bardato di una casacca indaco, con colletto e polsini ricamati a motivi floreali dorati, che gli conferisce un'aria a metà strada tra Simón Bolívar e un personaggio di *Star Wars*. È il look che ha lanciato prima dell'estate, in occasione della cerimonia della sua seconda investitura, alla presenza del re di Spagna e del figlio maggiore di Donald Trump. Per la circostanza, anche l'imponente picchetto d'onore dei cadetti della scuola militare di San Salvador aveva rinnovato il look grazie alla stilista di Miss Universo, che aveva vestito ciascuno dei suoi membri con un lungo mantello molto pittoresco, benché forse non del tutto adatto alle temperature tropicali di un sabato di giugno.

Alla tribuna dell'Onu Bukele è solo, ma la casacca marziale, unita a una postura ben eretta, fa il suo effetto, conferendo al presidente l'aspetto di un eroe contemporaneo. «Il dittatore piú cool della Terra», come si è autodefinito in risposta a un tweet di Kamala Harris, preoccupata per i metodi spicci con cui affrontava il problema della criminalità ecuadoriana. O «il re filosofo», come recita la sua biografia su X. O ancora il «*Caudillo* millennial», come lo ha soprannominato una parte della stampa estera. Quando Bukele viene eletto per la prima volta, all'età di trentasette anni, il Salvador è il Paese piú violento del mondo: il tasso di omicidi è tre volte superiore a quello di Haiti, considerata una nazione in bancarotta. La risposta di Bukele è radicale: sostituire il Codice penale con un manuale illustrato di tatuaggi.

Nel Salvador, come in Giappone e in Russia, i membri delle gang, i *pandilleros*, si riconoscono dai segni che si iscrivono sulla pelle: un sole azteco, un kalašnikov, il volto di un pazzo ghignante che dovrebbe rappresentare la *vida loca* del gangster. Due anni fa, dopo l'ennesimo massacro, Bukele ha proclamato lo stato di emergenza e ordinato all'esercito di arrestare tutte le persone tatuate.

Il risultato: ottantamila persone imprigionate, per lo piú gangster e qualche rockettaro che aveva avuto la pessima idea di tatuarsi. Poi, essendo all'origine un pubblicitario, il *Caudillo* ha fatto realizzare incredibili video di gangster (e rocker...) in boxer, con la testa rasata e i tatuaggi sotto i riflettori, costretti a inginocchiarsi, a migliaia, nei corridoi del nuovo carcere di massima sicurezza di Tecoluca o a correre in ranghi serrati al ritmo dei colpi di fischietto delle guardie. A metà tra un porno gay e *Hunger Games*, i video hanno riscosso un enorme successo sui social, rendendo Bukele il capo di Stato piú seguito su TikTok.

Certo, Amnesty International e le altre Ong non hanno apprezzato, ma sta di fatto che il tasso di omicidi si è ridotto a un decimo, rendendo il Salvador il Paese piú sicuro dell'emisfero occidentale, davanti al Canada.

Ecco perché Bukele è ora sul podio dell'Onu: «C'è chi dice che abbiamo imprigionato migliaia di persone, ma la verità è che ne abbiamo liberate milioni, e ora sono i buoni a vivere al sicuro dalla paura». A questa frase, vedo lo *speechwriter* dell'Eliseo, Baptiste Rossi, drizzarsi sulla sedia. Non tutti i presenti nella grande sala delle Nazioni Unite sono disattenti, la confraternita globale degli *speechwriters* è sempre alla ricerca della formula che colpisce nel segno, e per quanto grande sia la distanza in termini politici, salutano comunque l'artista. Da un punto di vista meramente tecnico, Bukele è uno dei piú brillanti oratori attuali.

«*El Milagro* Bukele», com'è conosciuto in tutta l'America Latina, è un altro miracolo dei nostri tempi. Al pari di MbS, il presidente di El Salvador è un sostenitore dell'azione borgiana: la combinazione di un'iniziativa audace e di mezzi spicci per produrre una divina sorpresa. A differenza del principe saudita, però, Bukele non si muove in un sistema autocratico, bensí in una democrazia di cui sta testando i limiti.

Quando, nel 2020, il parlamento minaccia di respingere il suo piano di sicurezza, il *Caudillo* si presenta in aula scortato dall'esercito e poi, rivolgendosi ai suoi sostenitori assiepati all'esterno, annuncia che se il piano dovesse essere respinto, lui certo non si frapporrà tra la casta corrotta dei deputati e la sacrosanta rabbia del popolo. Dopodiché rimuove tutti i giudici ultrasessantenni sostituendoli con i suoi accoliti e, grazie a una nuova interpretazione della Costituzione, si ricandida alla presidenza, cosa che in linea di principio non sarebbe possibile.

Le elezioni si svolgeranno finalmente nel febbraio 2024, in condizioni di libertà e alla presenza di oltre tremila osservatori internazionali, che ne certificheranno l'assoluta regolarità. Il *Caudillo* millennial viene rieletto con l'ottantaquattro per cento dei voti e il suo partito, Nuevas Ideas, che sei anni prima non esisteva, ottiene cinquantaquattro dei sessanta seggi in Parlamento.

«Non siamo un regime monopartitico, – commenta Bukele, – siamo una democrazia con un partito egemone. In tutte le democrazie, l'obiettivo della classe dirigente è vincere il piú possibile. Secondo voi durante le elezioni in Francia o negli Stati Uniti il presidente dice: "Cerchiamo di non superare il cinquantacinque per cento per preservare l'equilibrio dei poteri"? Certo che no, l'obiettivo di tutti i leader è ottenere il maggior numero di voti possibile. Loro non ci riescono, ma il loro fallimento non può essere la mia tabella di marcia. Cos'avrei dovuto fare, annunciare che visto che tutti gli altri presidenti perdono, dal momento che sono impopolari, darò metà dei seggi all'opposizione per essere alla pari con loro?»

Washington, novembre 2024.

«*Ahahahah, I'm back!*» Pare che Donald Trump ne abbia fatte diverse di telefonate a capi di Stato stranieri, iniziando con una risata omerica e questo portentoso annuncio. Alcuni dei suoi interlocutori, certo, devono essere rimasti un po' interdetti. Ma non è questo il caso di Bukele. Il ritorno di Donald è la conferma che aveva capito bene. E che chi sbagliava erano quelli che pensavano che il trumpismo fosse solo una parentesi, un incidente di percorso.

Il giorno dell'elezione di Trump, Bukele ha scritto su X: «Qualunque sia la vostra inclinazione politica, vi piaccia o meno quello che è successo, sono certo che non cogliete appieno il cambiamento di direzione della civiltà umana che ha avuto inizio ieri».

Non c'è da stupirsi che il presidente del Salvador celebri il ritorno di Trump. Un mese prima delle elezioni, il candidato repubblicano si trovava a Erie, Pennsylvania, dove aveva lanciato una soluzione al problema della delinquenza giovanile ricalcata su quella del *Caudillo*.

«Vedete questi tizi uscire dai negozi con condizionatori e frigoriferi sulle spalle, una follia, – ha dichiarato Trump, mai a corto di immagini pittoresche, rivolgendosi a un pubblico composto da una sorprendente percentuale di persone con gli occhiali a specchio. – E alla polizia viene impedito di fare il proprio lavoro. Gli viene detto che se fanno qualcosa si giocano la pensione. Non sono autorizzati a intervenire perché la sinistra liberale non glielo permette. La sinistra liberale vuole distruggere la polizia, vuole distruggere il nostro Paese. Invece, se potessimo avere un giorno di vera violenza... un'ora violenta, e intendo davvero violenta, la voce si spargerebbe subito e tutto finirebbe all'istante».

L'idea di una giornata senza regole, alla Bukele, ha galvanizzato i seguaci di Trump. Finalmente qualcuno che ha voglia di passare all'azione, dopo tutti quei politici che pare stiano piú dalla parte dei criminali che da quella della gente.

Come pure l'idea di una motosega per tagliare la spesa pubblica, eliminando cosí intere sezioni dell'amministrazione statunitense, che Trump ha ripreso pari pari dal presidente argentino Javier Milei, affidandone la realizzazione al suo alleato Elon Musk.

C'è stato un tempo in cui l'innovazione, in politica, arrivava dal centro. Qualcuno, negli Stati Uniti, tirava fuori un'idea nuova, faceva una campagna diversa. Inventava uno slogan, una nuova tecnica, i sondaggi, il marketing elettorale. C'erano cosí tanti soldi, erano cosí tanto avanti, si cominciava da lí e poi, piano piano, l'innovazione si diffondeva verso i margini. Qualcuno, in Inghilterra, iniziava a scopiazzare, poi nei Paesi scandinavi, in Germania, nel resto d'Europa e piano piano il futuro della comunicazione politica arrivava dappertutto, fino alle incerte democrazie dell'Asia centrale e del continente africano.

Mi ricordo i pellegrinaggi negli anni Novanta, poi Duemila, al cuore di quella città noiosa e imperiale, nelle stanzette senza finestre dei think tank, con la moquette sottile, di un colore indefinibile tra il grigio e il marrone, e i vassoi di biscotti e muffin raffermi, dove credevamo di cavalcare lo spirito del tempo perché tutto sembrava andare nella direzione del bello, del bene e del giusto.

Oggi è cambiato tutto. Per quanto riguarda gli strumenti di comunicazione politica e di propaganda, la traiettoria dell'innovazione politica si è invertita. La novità non circola piú in un'unica direzione, dal centro alla periferia, come un tempo. Oggi accade sempre piú di frequente che provenga da luoghi improbabili e che sia testata in periferia prima di imporsi al centro.

Dieci anni fa, Cambridge Analytica aveva già indicato la via importando in Europa e negli Stati Uniti le tecniche di *information warfare* che aveva sviluppato per l'esercito e i servizi britannici in Pakistan e in Colombia. In un mondo in cui la condizione digitale è diventata la prima esperienza veramente globale, condivisa dall'intera popolazione mondiale, le dinamiche proprie di Internet e dei social possono essere sfruttate ovunque piú o meno allo stesso modo, e la Nigeria diventa un ottimo banco di prova per una campagna in un Paese scandinavo.

Finché la competizione politica si svolgeva nel mondo reale, sulle pubbliche piazze e nei media tradizionali, le consuetudini e le regole di ciascun Paese ne determinavano i limiti, ma ora che si è spostata in rete, il dibattito pubblico si trasforma in un'autentica giungla dove tutto è permesso e le uniche regole sono quelle delle piattaforme Internet. Di conseguenza, il destino delle nostre democrazie si gioca sempre piú in una sorta di Somalia digitale, uno Stato fallito grande quanto il pianeta, soggetto alla legge dei signori della guerra digitale e delle loro milizie. Oggi non si tratta piú solo di tecniche di comunicazione, ma di parole d'ordine, di contenuti e di programmi che circolano con fluidità dai seminari del Danube Institute di Budapest alla National Conservatism Conference, che si tenga a Miami o a Buenos Aires.

Quel che è cambiato, da noi, rispetto a otto anni fa, è che l'impalcatura di istituzioni e di regole sulle quali si fondava il vecchio ordine, è sostanzialmente crollata. Se a metà degli anni Dieci del Duemila i brexiter, Trump e Bolsonaro potevano essere considerati un gruppo di outsider che sfidavano l'ordine costituito e adottavano una strategia del caos, come fanno gli insorti in guerra con un potere superiore, oggi la situazione si è ribaltata: il caos non è piú l'arma dei ribelli, ma il sigillo dei potenti.

Se in Occidente la prima metà del XX secolo aveva insegnato ai politici le virtú della moderazione, la scomparsa dell'ultima generazione uscita dalla guerra ha permesso il ritorno di demiurghi che reinventano la realtà e pretendono di plasmarla secondo i loro desideri.

Se il vecchio mondo presupponeva delle garanzie – il rispetto dell'indipendenza di certe istituzioni, i diritti umani e delle minoranze, l'attenzione alle ripercussioni internazionali – nulla di tutto ciò conta nell'ora dei predatori.

In questo nuovo mondo, tutti i processi in corso saranno spinti alle estreme conseguenze, nessuno di essi sarà contenuto o governato in alcun modo, «*pedal to the metal*», il piede a tavoletta degli accelerazionisti diventa l'unica opzione possibile.

La finestra di opportunità che esisteva fino a ieri per la creazione di un sistema di regole si è richiusa. L'idea stessa di un limite alla logica della forza, della finanza e delle criptovalute, alla fuga in avanti dell'IA e delle tecnologie convergenti, o al precipitare dell'ordine internazionale verso la giungla, è uscita dall'ambito del concepibile.

In questo nuovo mondo, i Borgiani hanno un vantaggio decisivo perché sono abituati a operare in un mondo senza limiti. Non si accontentano di resistere alle avversità, ma traggono forza dall'inatteso, dall'instabile e dal bellicoso.

Donald Trump, dato che si parla di lui, è una forma di vita straordinariamente adatta al tempo presente. Una delle sue caratteristiche, di cui i suoi consiglieri, in omaggio a un'epoca trascorsa, si lamentano ancora sotto voce quando invece dovrebbero vantarsene a gran voce, è che non legge mai. Non si parla qui di libri, di tomi di Storia o anche solo di romanzi di spionaggio; l'internauta piú sprovveduto non esiterebbe a classificare l'immagine di un Trump sprofondato in un sedile del suo jet privato, o in una poltrona a Mar-a-Lago, con in mano un libro, invece che un dispositivo o un hamburger, tra i deepfake piú inverosimili che si possano concepire. A preoccupare i suoi consiglieri, mentre dovrebbero rallegrarsene, è il fatto che Trump non legge nemmeno gli appunti scritti su una pagina o addirittura mezza paginetta che gli dànno in preparazione di un incontro, con il riepilogo degli elementi essenziali dell'argomento da trattare. Trump non degna quegli appunti di un solo sguardo. Né una pagina, né mezza pagina, né una sola riga. Lui funziona solo in modalità orale. Una sfida notevole per chiunque cerchi di trasmettergli una benché minima conoscenza strutturata.

Ma che importa, visto che a contare è innanzitutto l'azione, di cui la conoscenza, come si sa, è uno dei peggiori nemici? Un ambiente caotico richiede decisioni coraggiose che catturino l'attenzione del pubblico, lasciando di stucco gli avversari.

In fondo Trump non è che l'ennesima dimostrazione di uno dei princìpî immutabili della politica, che chiunque può constatare: non esiste praticamente alcun rapporto tra facoltà intellettive e intelligenza politica. Ci sono migliaia di persone intelligentissime, anche tra gli specialisti, tra i politologi e gli esperti, che non capiscono assolutamente nulla di politica, mentre un analfabeta funzionale come Trump può raggiungere una forma di genialità nella sua capacità di entrare in sintonia con lo spirito del tempo.

Quanti facoltosi imprenditori, tecnocrati globali, intellettuali e premi Nobel abbiamo visto infliggersi cocenti umiliazioni nel tentativo di riversare i loro trionfi professionali nell'arena politica?

Cominciano tutti allo stesso modo, gonfi d'orgoglio, convinti di aver fatto il piú imponendosi con le loro capacità in ambiti altamente competitivi: il mondo degli affari, le organizzazioni internazionali, il mondo della cultura, la scienza. Cosa volete che sia la politica, al confronto? Un'accozzaglia di personaggi in cerca d'autore, senza un mestiere, senza competenze, a malapena in grado di mettere due parole in fila.

Nessuna persona sana di mente si mischierebbe a quella gente, ma loro hanno deciso che è arrivato il momento di rialzare il livello: dopo tutto, se quelli bravi restano fuori dall'arena, le cose non miglioreranno mai, no?

Cosí iniziano a sondare il terreno, rilasciano interviste, raccolgono le loro idee in un libro, creano un think tank o accettano direttamente l'invito di un partito a candidarsi alle elezioni. Poi, però, a un certo punto, fanno una terribile scoperta.

È tutto molto piú difficile di quanto pensassero. Non perché il campo pulluli di chissà quali geni, ma perché non c'è nessun campo, non ci sono regole e nemmeno punti di riferimento stabili, eppure esiste un gioco a cui pochissimi hanno accesso. Quando, dopo il Congresso di Berlino, gli fu chiesto quale fosse la sua posizione, il grande Bismarck rispose, con quella vocina fievole che oggi gli precluderebbe qualsiasi forma di successo politico, che il suo mestiere consisteva nel destreggiarsi con cinque palle, due delle quali restavano costantemente in aria. Se il Cancelliere di ferro prussiano considerava la politica come un mestiere da circo, vi lascio immaginare a cosa può somigliare in un contesto meno strutturato.

Come dicono i cinesi, il potere è un drago nella nebbia. Dargli la caccia significa confrontarsi ogni giorno con la futilità, l'approssimazione e la contraddizione. *Veep* è una buona formazione, ma bisogna aggiungere *Squid Game* e *Il padrino*, di cui quasi ogni animale politico conosce a memoria le battute.

Non c'è niente di piú violento della politica; se i militari combattono solo quando sono in guerra, i politici in guerra ci sono sempre. Il piú delle volte, i loro nemici piú temibili si celano nelle loro stesse file, e la velocità con cui tutto accade contribuisce ad accrescere i margini di errore e il tasso di mortalità. In questo ambiente, i fenomeni d'intelligenza in genere non contano nulla, perché non impugnano mai l'alabarda, mentre l'assunzione di rischi è l'unica vera moneta del gioco.

I Borgiani sono organismi particolarmente adatti alle fasi di turbolenza, quando un sistema politico fa i conti con i propri limiti e le uniche risposte all'incertezza e al pericolo sono la velocità e la forza. L'ora dei predatori, in sostanza, non è che un ritorno alla normalità. L'anomalia è stata piuttosto il breve periodo in cui abbiamo pensato di poter arginare la cruenta ricerca del potere con un sistema di regole.

Per quanto scioccanti possano apparirci, le azioni dei Borgiani non sono altro che la versione aggiornata di quanto si legge nei libri di Storia, nelle *Vite* di Plutarco e nei resoconti di Svetonio, nelle cronache del Rinascimento e nei memoriali dell'Ancien Régime.

I Borgiani odierni non leggono gli Antichi, ma si riconoscono tra loro. Quando MbS ha organizzato la sua festa al *Ritz Carlton*, Trump, all'epoca presidente degli Stati Uniti, ha scritto su Twitter: «Ho grande fiducia nel re Salmān e nel principe ereditario dell'Arabia Saudita: sanno esattamente ciò che fanno. Alcuni di quelli che oggi stanno strapazzando hanno sfruttato il loro Paese per anni!»

All'ora dei predatori, non sono piú i leader della periferia di un tempo che cercano di assomigliare ai nostri, ma piuttosto i leader occidentali che adottano caratteristiche inedite. Se per i responsabili politici europei è sconcertante che il presidente degli Stati Uniti governi circondato da una consorteria di familiari e soci in affari, non lo è affatto per gli autocrati, che trovano del tutto naturale rivolgersi a un parente o a un partner commerciale del presidente per ottenere un trattamento di favore. Per ironia della sorte, la stessa logica sta prendendo piede nelle cancellerie occidentali, dove l'apertura di un canale diplomatico con un lontano cugino o un compagno di golf di Trump sta assumendo i contorni di un affare di Stato.

Quel che conta è il risultato. Come ha ben detto Javier Milei: «Qual è la differenza tra un pazzo e un genio? Il successo!» Questo è il credo dei Borgiani condiviso oggi dalla maggioranza di persone che ha smesso di considerare le regole come una garanzia di libertà e ha iniziato a vederle come un gigantesco imbroglio, per non dire un complotto delle élite per opprimere il popolo.

«La prima cosa da fare è di ammazzare tutti gli avvocati», dice Shakespeare. O meglio, Dick il macellaio nell'*Enrico VI*, al fine di provocare una rivolta contro il governo del re d'Inghilterra. Secondo Dick, gli avvocati sono gli sgherri del potere, privi di morale e pronti a sostenere tutto e il contrario di tutto. Non risolvono i problemi, li creano, hanno sempre una scappatoia a portata di mano per imbrogliare ancor piú le cose. Sono interessati alla forma, non alla sostanza; parlano un linguaggio incomprensibile al solo scopo di ingannare la povera gente e, alla fin fine, non si preoccupano che dei loro affari.

I Borgiani si concentrano sulla sostanza, non sulla forma. Promettono di risolvere i veri problemi della gente: criminalità, immigrazione, costo della vita. E cosa replicano i loro avversari, i liberali, i progressisti, i bravi democratici? Regole, democrazia a rischio, tutela delle minoranze...

Dal 1980, di tutti i candidati democratici alla presidenza e alla vicepresidenza degli Stati Uniti,

Tim Walz, compagno di corsa di Kamala Harris, è stato il primo a non essere laureato in Legge. Venti candidati, in dieci elezioni, negli ultimi quarant'anni: tutti avvocati. Nello stesso periodo, nessuno dei quattro presidenti repubblicani aveva una formazione giuridica: il primo, Ronald Reagan, era un attore e gli altri tre erano uomini d'affari.

Negli Stati Uniti gli avvocati sono la categoria professionale piú odiata, seconda solo ai politici. Come stupirsi allora che il partito degli avvocati sia stato travolto? Che una piattaforma interamente concepita da avvocati, imperniata sulla difesa delle procedure democratiche e sul rispetto dei diritti delle minoranze, il cui argomento principale era costituito dai processi contro il candidato repubblicano, sia stata spazzata via dalle recriminazioni dei Borgiani: l'alto costo della vita, l'immigrazione, il disprezzo di classe?

Gli avvocati hanno molte qualità, ma non sono mai stati in grado di fermare una rivoluzione. Al contrario, sono proprio le loro qualità a renderli, quasi sempre, il primo bersaglio dei rivoluzionari. Se c'è una figura insopportabile in un'insurrezione, è proprio quella di chi rifiuta di unirsi alla massa, che alza il ditino, solleva obiezioni, pretende il rispetto delle procedure. Peggio ancora se lo fa per difendere un nemico del popolo, che Dick il macellaio aspetta solo di veder penzolare da una forca improvvisata.

Chicago, novembre 2017.

«L'orto della Casa Bianca era molto potente, perché cosí simbolico. Coltivare melanzane e zucchine e mostrare immagini della First Lady inginocchiata sulla terra, circondata da bambini, trasmetteva un messaggio molto forte alla nazione e al mondo».

La grande sala del museo della Scienza di Chicago fatica a contenere le attese e l'emozione dei presenti. Siamo alla cena inaugurale della fondazione creata da Barack Obama dopo il suo addio alla Casa Bianca.

È passato un anno dal terremoto che ha scosso la politica mondiale: l'elezione di Donald Trump a presidente degli Stati Uniti. L'Europa è alle prese con gli effetti catastrofici della Brexit. In Italia, i sondaggi in vista delle elezioni previste per la primavera dell'anno prossimo lasciano prevedere un'onda nazionalpopulista senza precedenti.

Siamo qui in cerca non dico di risposte, ma per lo meno di idee. Negli ultimi anni, pur con i suoi limiti, Obama ha rappresentato il faro dei liberaldemocratici di tutto il mondo. Oggi ancora, il nostro riflesso naturale è di girarci verso di lui. Ecco perché abbiamo accolto con entusiasmo la sua iniziativa di creare una fondazione: finalmente un luogo per pensare la prossima fase, la risposta da contrapporre alla marea illiberale che minaccia di travolgere l'Occidente.

Abbiamo percorso settemila chilometri per essere qui stasera. E ora eccoci qui davanti all'ex cuoco della Casa Bianca che vanta i meriti dell'orto bio di Michelle. Passato il cuoco, un altro oratore si avvicina al palco. Un certo Michael Hebb. Consultando la sua biografia online, scopro che è stato il pioniere del consumo consapevole di cioccolato sul posto di lavoro, prima di fondare un'organizzazione chiamata Death over Dinner, la morte a tavola.

Un po' scosso dai discorsi di apertura, rivolgo la mia attenzione al tavolo dei presenti. Saranno certo persone interessanti, i «leader in fieri» che la fondazione dovrebbe «ispirare, preparare e connettere per cambiare il mondo». In tavola hanno fatto la loro comparsa i primi broccoli biologici dello chef. Gli invitati hanno appena cominciato a stabilire qualche timido contatto, quando una giovane persona seduta accanto a noi prende la parola.

«Salve, mi chiamo Heather e stasera sarò la vostra facilitatrice di conversazione». Dopo questa breve introduzione, scopriamo con orrore che il format della cena non prevede che i commensali interagiscano spontaneamente tra loro, ma sarà piuttosto una conversazione guidata da Heather, che ci permetterà di andare oltre i consueti convenevoli per arrivare a un livello di scambio piú profondo. A tale scopo, a tutti viene chiesto di rispondere a cinque domande a turno: «Perché mi chiamo cosí? Chi sono quelli della mia cerchia? Chi mi ha influenzato di piú? Chi vorrei essere? In che misura mi sento parte della mia comunità?»

Per rompere il ghiaccio, Heather ci racconta in breve e con molta verve il suo percorso di transgender di razza mista in una famiglia adottiva di Chicago. Man mano che il suo racconto va avanti, mi dico che sarà difficile fare di meglio. Guardando gli altri tavoli, mi rendo conto che lo stesso esercizio si sta svolgendo ovunque. Ogni tavolo ha un animatore che pone a tutti le stesse domande.

Con la coda dell'occhio colgo l'espressione sconsolata del capitano Rocca, l'agente di sicurezza che ci accompagna in questo viaggio. Nel corso della serata vedrò quest'uomo forte come una quercia, gioviale, coraggioso, che non esiterebbe a beccarsi una pallottola per proteggere uno di noi, farsi sempre piú piccolo, fino a ridursi a un fuscello tremante.

Dopo cena, sorseggiando uno scotch riparatore al bar dell'hotel, mi racconterà il suo calvario. Dopo l'iniziale sgomento, aveva superato lo shock e tutto era filato piú o meno liscio, finché non si era azzardato a rispondere «me stesso» alla domanda «chi vorresti essere». A quel punto gli altri gli avevano dato addosso, dicendogliene di tutti i colori. Lo stesso facilitatore non aveva esitato a tacciarlo di egocentrismo.

Quella sera ci abbiamo riso su, ma non ho potuto fare a meno di pensare che, se fosse stato un elettore americano, il capitano Rocca – uno dei pochi esponenti del popolo presenti alla cena – sarebbe uscito trumpiano dalla serata di inaugurazione della Fondazione Obama. E temo che nessuna delle attività previste nelle trentasei ore del meeting gli avrebbe fatto cambiare idea: di certo non la meditazione alle sette del mattino (per fortuna indicata come «facoltativa» nel programma), né il colloquio con il principe Harry sui giovani come vettore di trasformazione sociale, o il dialogo tra Michelle Obama e una poetessa alla moda sulle sue fonti di ispirazione, e nemmeno il concerto privato di Gloria Estefan e del rapper Common – sobriamente ribattezzato «Community Event» – che avrebbe segnato la conclusione dei lavori.

Due giorni dopo abbiamo lasciato Chicago con la sensazione di aver incontrato molte persone simpatiche e piene di buone intenzioni, ma ben poco attrezzate per combattere la battaglia che si preannunciava.

Anche Obama era un avvocato, ma, come Bill Clinton prima di lui, il suo carisma e la sua intelligenza politica lo hanno tenuto a lungo lontano dalle insidie del legalismo. Andato via lui, è rimasto solo il partito degli avvocati. Avendo rinunciato a combattere le disuguaglianze economiche e territoriali che affliggono il Paese, i democratici hanno ripiegato sul piú modesto obiettivo di rappresentare le minoranze. Il che è lodevole di per sé, però non rimette in discussione le dinamiche che hanno plasmato la società americana nel suo complesso a partire dai primi anni Ottanta.

Per compensare la loro mancanza di coraggio sulle sfide decisive, gli avvocati si sono cosí lanciati in una battaglia sempre piú estrema per la difesa dei diritti che li ha portati a adottare posizioni molto piú radicali della maggioranza dei loro stessi elettori. Durante la sua campagna presidenziale per il 2020, Kamala Harris ha prospettato l'abolizione della polizia di frontiera, promuovendo al contempo un finanziamento pubblico per il cambiamento di sesso dei detenuti e degli immigrati clandestini.

Non solo questi argomenti si sono rivelati inefficaci tra gli elettori, ma quattro anni dopo si sono rivelati un boomerang per la candidata democratica. Uno degli slogan piú efficaci della campagna del 2024 per la rielezione di Trump ha fatto leva sui pronomi non binari: «*Kamala is for they/them. President Trump is for you*».

Dal punto di vista dei Borgiani, il wokismo è una manna dal cielo, il carburante ideale per alimentare la loro macchina del caos. Come gli antichi Greci, che toglievano i diritti civili ai cittadini rei, in una guerra civile, di non prendere le armi per l'una o per l'altra parte – e come Dante, che li relegava alle porte dell'Inferno, costantemente tormentati da vespe che li pungevano in faccia – i Borgiani temono soprattutto gli ignavi, coloro che non si schierano. Tutto ciò che contribuisce ad alzare il livello del conflitto è funzionale ai loro obiettivi.

Nessuno l'ha capito meglio di Alexander Nix, l'ex numero uno di Cambridge Analytica. Mi sembra di vederlo, piú o meno all'epoca del nostro viaggio a Chicago, in una sala al primo piano del *Carlton Club*, circondato da uomini in completi di vigogna, mentre presenta la sua azienda sorseggiando una coppa di Pol Roger.

«Noi non siamo un'agenzia di comunicazione come le altre, – dice. – Se volete vendere Coca-Cola in un cinema e vi rivolgete a un'agenzia tradizionale, sapete cosa vi diranno?»

Spiazzati da questo insolito esordio, i potenziali clienti – miliardari thailandesi, petrolieri kazaki, *estancieros* argentini – si protendono ancor piú verso quest'uomo elegante, ultimo epigono di una stirpe di corsari costruttori di imperi che, in Gran Bretagna, prosegue ininterrotta dal XVI secolo a oggi. Con il passare del tempo, si sono riconvertiti nei servizi di sicurezza e di intelligence, nel commercio di materie prime e di armi, nella finanza e nel lobbying di alto livello, ma sono sempre gli stessi. Gli accenti impeccabili, acquisiti sui banchi delle scuole private, i completi di tweed a tre pezzi e le scarpe di cuoio, mai troppo nuove, una certa aria di nonchalance a testimonianza della loro propensione a godersi la vita e trarne tutti i piaceri e i privilegi che spettano loro di diritto. I modi di un aristocratico di South Kensington e il codice morale di un teppista di Brixton.

«Ve lo dico io, quel che succede, se vi rivolgete a un'agenzia tradizionale. Vi diranno, aumentate i punti di vendita, piazzate un poster all'ingresso, mettete la sagoma di una modella in costume da bagno che beve Coca-Cola vicino alla cassa, proiettate uno spot prima dell'inizio del film. Tutta roba inutile, che non fa vendere una lattina in piú – ma in compenso fa girare tutta un'economia di parassiti, copywriter, fotografi, videomaker, direttori creativi e le T-shirt nere che si comprano da Loro Piana e gli aperitivi da trenta sterline che si scolano nei bar di Chelsea. Noi non funzioniamo cosí. A noi non importa nulla della Coca-Cola. Quel che c'interessa è lo spettatore. E lo spettatore sapete perché compra la Coca-Cola? Non perché è cool, non perché la bevono le modelle, o per lo spot di quaranta secondi che è costato piú di un film di Hollywood. Lo spettatore si compra la Coca-Cola quando ha sete. Perciò sapete qual è l'unica cosa da fare? Aumentare la temperatura nel cinema. Ecco, noi facciamo questo. Aumentiamo la temperatura. In modo che alla gente venga sete. Semplice, no?»

Cambridge Analytica è stata travolta dagli scandali in seguito al voto sulla Brexit, ma le piattaforme Internet su cui si svolge parte della nostra vita pubblica seguono esattamente lo stesso principio: far salire la temperatura per moltiplicare i clic. Se la mobilitazione dei pregiudizi è sempre stata il nerbo della battaglia politica, i social le hanno conferito una dimensione industriale. Dappertutto, il principio resta sempre lo stesso. Tre semplici operazioni: individuare i temi caldi, le fratture che dividono l'opinione pubblica; spingere, su ciascuno di questi fronti, le posizioni piú estreme e farle scontrare tra di loro; proiettare il conflitto sull'insieme del pubblico, in modo da surriscaldare sempre di piú l'atmosfera.

Le piattaforme si presentano come una vetrina trasparente attraverso cui contemplare il mondo cosí com'è, libero dai preconcetti delle élite che controllano i media tradizionali, ma non sono altro che specchi da luna park, che distorcono la realtà fino a renderla irriconoscibile per adattarla alle aspettative e ai pregiudizi di ognuno di noi.

Gli ingegneri della Silicon Valley hanno smesso da tempo di programmare computer e si sono trasformati in programmatori di comportamenti umani. A partire dal momento in cui abbiamo deciso di farne l'interfaccia globale a cui affidare il nostro rapporto con la realtà, ci siamo messi nelle loro mani e in quelle di tutti coloro, spin doctor o agenti di influenza, che hanno interesse ad alimentare il surriscaldamento del clima sociale.

«Io vedo solo quel che credo»: il lapsus eloquente di Éric Zemmour durante la campagna presidenziale del 2022 non ha fatto altro che confermare il principio logico dell'epoca. L'errore sarebbe pensare che si applichi solo agli altri, a coloro che non la pensano come noi; in realtà ci riguarda tutti, comprese le élite, non meno soggette alla manipolazione di quanto lo siano i popoli.

Montréal, settembre 2024.

Justin Trudeau ha un certo senso della messinscena. La sala che ha scelto per ospitare la colazione di lavoro sull'intelligenza artificiale galleggia al decimo piano della torre del porto di Montréal. Lo sguardo dei convitati si sofferma sugli edifici in mattoni rossi della città vecchia e sui grattacieli del centro, per poi planare sul bacino del San Lorenzo, maestoso sotto il primo sole autunnale.

In assenza di un facilitatore di conversazione ufficiale, gli ospiti conversano spontaneamente, inebriati piú dal panorama che dalla bottiglia di chardonnay locale da cui si servono con parsimonia. Solo un uomo si tiene un po' in disparte, un paio di occhiali dalla montatura spessa gli conferiscono l'aria singolare di qualcuno il cui sguardo è rivolto verso l'interno piuttosto che verso l'esterno.

A un cenno discreto del primo ministro, ci sediamo a tavola. Trudeau ha l'abitudine di presentare il suo Paese, non senza ragione, come l'epicentro dell'IA responsabile. È vero che Geoffrey Hinton, appena insignito del premio Nobel, ha condotto a Toronto le sue ricerche sulle reti neurali artificiali, mentre il suo collega Yoshua Bengio continua a insegnare al dipartimento di Informatica dell'Università di Montréal. Entrambi si contraddistinguono per una tensione etica poco comune ai giorni nostri: Hinton ha rinunciato all'incarico da consulente a Google, per potersi esprimere piú liberamente sui rischi dell'IA, e Bengio ha rifiutato offerte milionarie da parte di tutte le aziende del settore per mantenere la sua indipendenza.

Oggi Yoshua Bengio è seduto di fronte al collega Yann LeCun, che dirige il laboratorio di intelligenza artificiale di Meta, il gruppo che possiede Facebook, WhatsApp e Instagram. Da quando, nel 2018, gli è stato assegnato congiuntamente il premio Turing, loro tre, Hinton, Bengio e LeCun, sono considerati i padri fondatori dell'intelligenza artificiale come la conosciamo oggi. Peccato che non siano d'accordo su quasi nulla. Il che è un po' increscioso, con un pianeta intero che pende dalle loro labbra per capire un po' meglio di cosa sarà fatto il futuro.

Le loro posture non potrebbero essere piú diverse. Bengio sembra un essere umano normale, i suoi occhi non hanno il bagliore glaciale dei *conquistadores* della tech. Di tutti gli esperti in materia, mi pare il piú credibile. I suoi giudizi, i suoi dubbi, le domande che pone, a volte inquietanti, sono quelli di uno scienziato che cerca di capire. Quando i maggiori esperti in un campo hanno opinioni cosí divergenti, dice, e fanno previsioni cosí discordanti, fino a ipotizzare la distruzione della razza umana, saggezza vorrebbe che le autorità pubbliche esaminassero tutte le ipotesi, invece di sceglierne una sola.

Seduto di fronte a lui, Yann LeCun possiede una personalità molto piú adatta all'ora dei predatori. Il suo tono perentorio, che non conosce dubbi né sfumature, lo ha reso molto popolare su X, dove ha piú di novecentomila follower, contro i ventimila di Bengio. Da quando ha assunto la direzione dell'IA di Meta, per recuperare il ritardo su Google, LeCun ha investito i miliardi di Zuckerberg in modelli open source che mettono la tecnologia piú potente della storia dell'umanità alla portata di tutti: una tecnologia che, tra le sue tante mirabili facoltà, conferisce a ogni individuo un potere di distruzione finora riservato agli Stati. Mentre altri sollevano il problema della diffusione incontrollata di armi di distruzione di massa, LeCun non ha esitazioni: l'intelligenza artificiale non presenta il minimo rischio e chiunque affermi il contrario dev'essere né piú né meno che un ritardato mentale, compresi i suoi ex colleghi ricercatori.

Seduto in quella capsula di vetro sospesa a sessanta metri dal suolo, con i suoi occhiali spessi e il sorriso compiaciuto, LeCun fa pensare a un Austin Powers diventato molto meno divertente con l'età. Ci dice subito che noi in Europa non possiamo comprare i pesanti occhiali che porta lui. Pare che Meta abbia deciso di non metterli in commercio nell'Ue perché le regole sono troppo restrittive. Il solito ricatto delle piattaforme. Adattatevi o sarete lasciati indietro, esclusi, relegati al dimenticatoio della Storia.

In realtà, gli occhiali intelligenti di LeCun sono popolari da noi come in qualsiasi altra parte del mondo. La possibilità di trasmettere in diretta su Facebook e Instagram tutto quel che vedono suscita l'entusiasmo dei patiti dei social. Al modello europeo manca giusto un elemento decisivo: il sistema che consente di fare domande su quel che si ha davanti e ottenere risposte dall'intelligenza artificiale di Meta, alimentandola cosí con nuovi dati.

LeCun ha grandi ambizioni per i suoi occhiali. «Tra dieci anni non ci saranno piú smartphone, – dice, – ma occhiali a realtà aumentata, okay? Avremo ancora un computer in tasca, ma parleremo ai nostri occhiali, che ci mostreranno contenuti sovrapposti al mondo reale».

Io vedo solo quel che credo. Grazie a Meta, i paraocchi smettono di essere una metafora per fare irruzione nella nostra vita quotidiana. Indossandoli, ognuno avrà diritto alla propria realtà. Ben presto dieci persone che assistono allo stesso concerto vivranno dieci esperienze radicalmente diverse, perché i loro occhiali a realtà aumentata permetteranno di aggiungere effetti di luce, pubblicità o persino artisti ospiti. Lo stesso varrà per una riunione, un incontro politico o una semplice passeggiata per strada.

Gli occhiali connessi spalancano le porte di un regno incantato. Immaginate di visitare un Paese straniero del quale non parlate la lingua e di vedere un cartello: sarà automaticamente tradotto e visualizzato nei vostri occhiali intelligenti. Vi rivolgete a qualcuno che non capisce la vostra lingua. La traduzione sarà visualizzata nei suoi occhiali e, quando sarà lui a parlare, la traduzione sarà visualizzata nei vostri. Attraversate la strada e gli occhiali vi avvisano dell'avvicinarsi di un'auto che non avete visto arrivare.

«Ci saranno un sacco di cose cosí, – si entusiasma LeCun. – A lungo andare, il vostro assistente virtuale saprà tutto quello che fate e avrà un'idea molto precisa di quello che volete. Sarà persino in grado di prevedere in anticipo i vostri desideri».

Eccolo, finalmente, il punto d'arrivo. Sotto la guida dei *conquistadores* digitali, l'interfaccia a cui abbiamo deciso di affidare il nostro rapporto con il mondo guizza fuori dalle nostre tasche e diventa parte di noi per soddisfare i nostri desideri ancor prima che abbiamo il tempo di formularli.

Mentre il bacino del San Lorenzo scintilla all'orizzonte come un gigantesco chip di silicio, un lampo oscuro mi passa davanti agli occhi, senza neppure il bisogno degli occhiali di LeCun. È l'immagine cupa di una megalopoli cinese, con il cartellone pubblicitario che campeggia a lato dell'autostrada di Wuhan e scandisce a caratteri cubitali: «Noi creiamo il futuro che l'umanità sogna».

Parigi, settembre 1931.

Il rapporto piú favorevole con un monarca è di trovarsi in leggera disgrazia. Passeggiando lungo le banchine dell'Île Saint-Louis, è possibile che Curzio Malaparte rifletta sulle parole dell'ammiraglio von Tirpitz, che a me sono sempre parse molto sagge, ma può darsi che lui la veda in modo diverso. La leggera disgrazia nella quale è caduto nei confronti di Mussolini gli è appena costata la direzione de «La Stampa», il grande quotidiano torinese di cui, a trent'anni, era stato il piú giovane direttore di sempre. Un colpo duro per Malaparte, ambiziosissimo fascista della prima ora, precocemente arrivato al vertice, dove si era abituato a esercitare il potere e a brillare nei salotti. D'altra parte, però, essendo per l'appunto solo leggera, la sua disgrazia non lo ha condotto in carcere, dove finirà due anni piú tardi, ma solo sulle rive della Senna, dove può dare libero corso al suo gusto per le buone letture e le serate mondane.

Questo passo di lato non è il primo. Si potrebbe dire al contrario che un certo sfasamento sia l'elemento costitutivo della personalità di Malaparte. Nato nel cuore della provincia toscana, Kurt Erich Suckert ha un padre non solo tedesco, ma anche protestante, irrequieto, autoritario, e una madre italiana che non lo ama. A quindici anni scappa di casa per arruolarsi nell'esercito francese, contro la Germania. Dopo la guerra, si iscrive al partito fascista prima ancora che prenda il potere, scrive testi infuocati, ma il suo migliore amico è Piero Gobetti, il piú giovane e il piú brillante degli intellettuali antifascisti, e non appena gli affidano «La Stampa», licenzia gli scribacchini del regime e recluta i migliori scrittori della sua generazione: Corrado Alvaro, Elio Vittorini, Alberto Moravia.

Il suo rapporto con Mussolini riflette questo percorso ondivago: il Duce apprezza il talento di Malaparte, ma non si fida di lui. Sa di avere a che fare con una persona del tutto imprevedibile, pronta a gettare sotto il treno il suo migliore amico per una frase ben riuscita. Cosí lo getta lui per primo.

A partire dall'estate del 1931, a tutti gli sfasamenti accumulati da Malaparte si somma quindi la leggera disgrazia che lo ha condotto all'esilio. Ma lo scrittore non è a Parigi soltanto per passeggiare sul lungosenna, per discutere dell'attualità politica e letteraria con gli amici Daniel Halévy e Jean Guéhenno, o per contemplare il fasto degli ultimi ricevimenti della principessa Bibescu, per quanto tutte queste attività gli siano assai gradite. Ha anche pubblicato un breve trattato, *Tecnica del colpo di Stato*, nel quale Malaparte analizza il metodo utilizzato dai partiti di estrema destra e di estrema sinistra, che rifiutano la democrazia liberale e «pongono il problema dello Stato sul terreno rivoluzionario».

Di questi movimenti Malaparte non ha una conoscenza teorica: li ha visti in azione. Giovanissimo, ha partecipato a Versailles al Consiglio supremo di guerra alleato. Assegnato in seguito alla legazione italiana in Polonia, assiste allo scontro tra le truppe del maresciallo Piłsudski e l'esercito bolscevico. Tornato in Italia, partecipa alla marcia su Roma e all'ascesa al potere di Mussolini. Come giornalista viaggia in Unione Sovietica, da cui torna, alla fine degli anni Venti, con alcuni dei piú illuminanti reportage sulle lotte intestine del nuovo regime sovietico.

L'idea che se n'è fatto, e di cui la *Tecnica del colpo di Stato* è l'esposizione, è anch'essa rivoluzionaria: qualcosa è cambiato, osserva Malaparte, nel modo di prendere il potere, anche se la maggior parte delle persone, compresi i leader del campo liberale e democratico, non se ne sono accorti. Piú che un fatto politico, la rivoluzione è diventata una questione tecnica, e un migliaio di uomini ben organizzati ha piú possibilità di impadronirsi dello Stato di una massa rivoluzionaria armata.

Per illustrare la sua tesi, Malaparte utilizza l'esempio decisivo della Rivoluzione di ottobre. Il prode Kerenskij, che aveva preso il potere in Russia dopo l'abdicazione dello zar, era tutt'altro che un debole o un incapace. Aveva dato prova di determinazione e di coraggio, reprimendo prima la sollevazione degli operai e dei disertori, e poi quella dei reazionari guidati da Kornilov. Nell'autunno del 1917, aveva preso tutte le precauzioni possibili contro una possibile insurrezione bolscevica. Le stesse che avrebbe preso qualsiasi capo di governo liberale, aggiunge sadicamente Malaparte, e li nomina uno per uno: Poincaré, Lloyd George, Mac Donald, Giolitti, Stresemann. Consapevole del rischio di un colpo di mano, Kerenskij si è preoccupato di difendere l'organizzazione burocratica e politica dello Stato, il Palazzo d'Inverno, i ministeri, la sede del Parlamento, lo Stato Maggiore Generale. È quel che avrebbe fatto qualsiasi statista di buon senso.

Solo che, di fronte a lui, c'è un uomo che ha capito che le regole del gioco non sono piú le stesse. I rivoluzionari devono ignorare l'esistenza del governo Kerenskij, dice Trockij. Il Consiglio della Repubblica, i ministri, la Duma, non hanno la minima importanza: la chiave dello Stato non è l'organizzazione burocratica e politica, non è il Palazzo di Tauride, né il Palazzo Maria, né il Palazzo d'Inverno, ma l'organizzazione tecnica e cioè le centrali elettriche, le ferrovie, i telefoni, i telegrafi, il porto, i gazometri, gli acquedotti.

«Per impadronirsi dello Stato moderno, – dice Trockij, o per lo meno il Trockij di Malaparte, – occorre una truppa d'assalto e dei tecnici: delle squadre di uomini armati, comandate da ingegneri».

I suoi stessi compagni di partito sono perplessi; la loro idea è sempre stata quella di un'insurrezione di massa, della rivoluzione proletaria, non un'operazione chirurgica eseguita da un gruppetto di specialisti.

Ma Trockij porta avanti imperterrito il suo piano. Nell'immensa confusione che regna a Pietroburgo in quel periodo, nessuno fa caso ai gruppuscoli di operai e marinai disarmati che si intrufolano nei corridoi delle stazioni telefoniche e telegrafiche e negli uffici postali, né ai tecnici che studiano sul posto il tracciato delle condutture del gas e dell'acqua, dei cavi elettrici, telefonici e telegrafici. Quando si incrociano nei corridoi degli uffici o sulle scale delle centrali elettriche, gli agenti di Trockij fingono di non conoscersi.

Il 21 ottobre, le squadre incaricate di conquistare le stazioni fanno una prova generale, che va benissimo. Nessuno se ne accorge. Lo stesso giorno, racconta Malaparte, tre marinai si recano alla centrale elettrica, presso l'entrata del porto. Il direttore della centrale li accoglie con entusiasmo: «Finalmente, – gli dice. – Sono settimane che chiedo al comando militare un servizio di protezione». I tre bolscevichi s'installano nella centrale elettrica, per difenderla, dicono, contro le guardie rosse, nel caso di un'insurrezione. In modo analogo, altre squadre di marinai s'impadroniscono delle altre centrali elettriche municipali.

Il 24 ottobre, Trockij sferra l'attacco. Tutto si gioca in poche ore. I tecnici dell'armata rossa s'impadroniscono degli snodi vitali dello Stato, senza toccare gli organi politici: il Parlamento, i ministeri, la sede del governo sono ancora in piedi. «Non si è mai dato il caso, – dice Malaparte, – di un'insurrezione che proclama di aver conquistato lo Stato e che lascia le mani libere al governo». Lenin stesso non è convinto. Il giorno dopo si reca al palazzo Smol'nyj per il secondo Congresso dei Soviet, travestito da operaio, senza barba e con una parrucca. Quando lo vede, Trockij lo prende in giro: «Perché siete ancora truccato a quel modo? I vincitori non si nascondono».

Berlino, dicembre 2024.

«Elon, ho avviato un dibattito politico ispirato alle tue idee e a quelle di Milei. Se il controllo delle migrazioni è cruciale per la Germania, l'AfD è contro la libertà, contro le imprese, ed è un partito di estrema destra. Non saltare a conclusioni affrettate da lontano. Incontriamoci e ti mostrerò per cosa si batte il mio partito».

Tra le migliaia, le centinaia di migliaia di messaggi postati quotidianamente sui social dai politici di tutto il mondo, è difficile trovarne uno piú patetico, piú stupido, piú tristemente ingenuo dell'appello che Christian Lindner, ex ministro delle Finanze e leader del partito liberale tedesco, ha rivolto a Elon Musk, il 20 dicembre 2024.

La risposta dell'uomo piú ricco del mondo non si è fatta attendere. «I partiti politici tradizionali hanno completamente tradito il popolo tedesco. L'AfD è l'unica speranza per la Germania».

Dopo aver sostenuto Bolsonaro, Milei, Bukele e contribuito in modo massiccio all'elezione di Donald Trump negli Stati Uniti, Musk ha iniziato a rivolgere la sua attenzione all'Europa. Nel Regno Unito si è impegnato a sostenere il partito della Brexit. E in Germania, per l'appunto, l'AfD, il partito di estrema destra.

Chiunque pensasse che questa condotta sia dovuta alle eccentricità di un miliardario di origine sudafricana commetterebbe un errore madornale. La verità è che l'approccio di Musk rivela qualcosa di molto piú fondamentale, qualcosa che va ben oltre le preferenze di un singolo, seppur strapotente, oligarca tecnologico. Qualcosa che ha radici molto piú profonde ed è destinato ad avere conseguenze ben piú gravi.

I *conquistadores* del digitale hanno deciso di fare piazza pulita delle vecchie élite politiche. Se riusciranno a raggiungere il loro scopo, il mondo di Lindner e di tutti i suoi simili, i liberali e i socialdemocratici, i conservatori e i progressisti, tutto ciò che siamo abituati a considerare l'asse portante delle nostre democrazie, sarà spazzato via.

Finora le élite economiche, gli esponenti della finanza, gli imprenditori e i manager delle grandi aziende, si appoggiavano su una classe politica di tecnocrati – o aspiranti tali – di destra e di sinistra, moderati, ragionevoli, piú o meno indistinguibili dagli altri, che governavano i loro Paesi sulla base dei principî della democrazia liberale, in accordo con le regole del mercato, talvolta temperate da considerazioni sociali.

Era il consenso di Davos. Un luogo in cui le piste blu, dolcemente spianate dagli spazzaneve, avevano sostituito le immani convulsioni della *Montagna magica*.

Nell'ora dei predatori questo equilibrio è saltato. Le nuove élite tecnologiche, i Musk e gli

Zuckerberg, non hanno niente a che spartire con i tecnocrati di Davos. La loro filosofia di vita non si basa sulla gestione competente dell'esistente, ma, al contrario, su una gran voglia di buttare tutto all'aria. L'ordine, la prudenza, il rispetto delle regole sono un anatema per coloro che si sono fatti la mano muovendosi in fretta e rompendo cose, secondo il primo motto di Facebook.

I signori del digitale sono molto piú affini ai Borgiani. Come loro, incarnano quasi sempre personaggi eccentrici che hanno dovuto infrangere i codici per farsi strada. Come loro, diffidano degli esperti e delle élite, di tutti coloro che rappresentano il vecchio mondo e che potrebbero impedirgli di perseguire i propri sogni. Come loro, hanno il gusto dell'azione e sono convinti di poter plasmare la realtà in base ai propri desideri; la viralità prevale sulla verità e la velocità è al servizio del piú forte. Come loro, nutrono solo disprezzo per i politici e i burocrati: ne scorgono la debolezza e l'ipocrisia e ritengono che la loro epoca sia finita. Grazie a Internet e ai social, d'altronde, la debolezza e l'ipocrisia delle vecchie élite sono sotto gli occhi di tutti.

I signori del digitale sono Borgiani a tutti gli effetti: una convergenza che va ben oltre il ruolo, per quanto importante, che può giocare l'uno o l'altro dei loro esponenti.

La rielezione di Trump segna, anche da questo punto di vista, un punto di svolta, perché da allora i signori della tech si sentono per la prima volta abbastanza forti da entrare in conflitto aperto con le vecchie élite. Fino a quel momento, la convergenza tra borgiani e tecnologi era stata occultata dal fatto che questi ultimi non si sentivano abbastanza forti per contestare apertamente la supremazia del blocco di Davos. Per molti anni, i *conquistadores* del digitale hanno dovuto far prova di diplomazia, essere piú volpi che leoni, per quanto all'interno di loro ruggisse il desiderio di affermare la propria superiorità sui dinosauri della politica.

Prima di Musk c'è stato Eric Schmidt.

Per educazione, per carattere e per tattica, Eric Schmidt è l'esatto contrario di Elon Musk. Tanto quest'ultimo è sfrontato e trasgressivo, tanto il primo è garbato, discreto, conciliante. A vederlo muoversi nei corridoi del Pentagono o in mezzo ai pezzi grossi dell'Aspen Institute, un po' goffo nel suo completo oversize, sempre sorridente, con un'espressione di infinita tolleranza dipinta sul volto, potrebbe passare per un prete di campagna, di quelli che diventano il pilastro della loro comunità, come accadeva un tempo. In realtà, è piú simile a un cardinale, di quelli troppo astuti e consapevoli del proprio potere per puntare al soglio di Pietro.

Se il padre di Carlo VIII non voleva che suo figlio imparasse piú di queste cinque parole di latino, *qui nescit dissimulare, nescit regnare*, «chi non sa dissimulare non sa regnare», pur non essendo il re di Francia, ma un semplice professore di Economia internazionale, il padre di Eric Schmidt deve aver impartito al figlio una lezione simile.

All'inizio degli anni Duemila, quando Google era un'azienda sull'orlo del fallimento, i due geniali sociopatici che l'avevano fondata si resero conto di aver bisogno di un adulto a bordo e si rivolsero a Eric Schmidt. Da quel momento Schmidt ha preso in mano le redini dell'azienda, trasformando Google nel colosso che è oggi e lasciando i due fondatori, Larry e Sergey, liberi di dedicarsi alle ricerche postumane, le uniche a suscitare il loro interesse. Durante le riunioni del comitato esecutivo a Mountain View, i due restavano immancabilmente incollati ai loro schermi finché Schmidt non cambiava tono: «Larry, Sergey, ho bisogno della vostra attenzione su questo punto». Allora i due riemergevano per qualche istante, prima di ripiombare nella loro ricerca metafisica.

Durante la presidenza Obama, Schmidt era onnipresente. Non appena si parlava di scienza, di tecnologia, di digitale o di politica industriale, lo si vedeva spuntare, col suo completo troppo grande e l'espressione beata, sempre sul punto di rivolgere al pubblico un gesto di benedizione cristiana.

Nel 2012, il suo contributo alla rielezione del presidente democratico è stato di gran lunga superiore a quello di Musk in favore di Trump. All'epoca le cose non si stavano mettendo bene per Obama. L'entusiasmo suscitato dalla sua elezione si era spento da un pezzo, la ripresa economica si faceva attendere e i soldati americani continuavano a morire a causa di ordigni esplosivi improvvisati in Iraq e in Afghanistan. Di tutti gli ingredienti che avevano reso possibile la sua trionfale elezione, ne restava solo uno su cui puntare le ultime fiches: Internet. Per fortuna, sua eminenza Eric Schmidt non era lontano.

Il 20 gennaio 2011, la Casa Bianca annuncia la costituzione della squadra per la rielezione del presidente. Jim Messina, già responsabile della parte digitale della campagna precedente, assume la direzione delle operazioni. Lo stesso giorno, a Mountain View, Eric Schmidt si dimette in sordina dalla sua posizione di numero uno di Google, mantenendo solo quella di presidente, il che gli lascia le mani libere per aiutare il suo protetto Messina a far rieleggere l'amico Barack. Insieme, i due elaborano la strategia: costruire la piú grande e dettagliata banca dati elettorale mai vista con l'obiettivo di prendere di mira individualmente ogni elettore in ogni Stato conteso. Se la campagna del 2008 era stata quella di Internet come strumento di comunicazione, quella del 2012 dovrà diventare la campagna di Internet come strumento di raccolta di informazioni.

L'operazione viene denominata «Progetto Narvalo», dal nome del cetaceo dal lungo corno che emerge dai flutti come un mostro marino cogliendo di sorpresa gli avversari. I repubblicani non si accorgeranno di nulla. Per mesi, sei giorni su sette, quattordici ore al giorno, decine di ingegneri prestati da Google, ma anche da Twitter, Facebook e molte altre aziende della Silicon Valley, lavorano alla creazione di questa potente creatura degli abissi. Grazie a essa, Obama entra nell'anno della sua rielezione con la certezza di conoscere il nome di ognuno dei 69456897 americani il cui voto lo ha portato alla Casa Bianca. Sebbene i voti siano stati espressi a scrutinio segreto, i dati di Narvalo sono cosí granulari da permettere agli analisti di identificare i sostenitori di Obama in ogni circoscrizione. A ciascun elettore viene assegnato un punteggio di probabilità da zero a cento. Un punteggio zero significa che l'elettore voterà per Romney. Un punteggio cento significa che l'elettore è totalmente a favore di Obama. A quel punto non resta che concentrare tutte le risorse sui punteggi compresi tra quarantacinque e cinquantacinque negli Stati cruciali, e il gioco è fatto.

Per l'intera campagna, Narvalo rintraccia casa per casa gli elettori «utili», inviando a ciascuno di loro un messaggio personalizzato in base alle loro idee e ai loro interessi. Venuta meno la grande visione del 2008, gli strateghi di Obama invertono la marcia. Da strumento per mobilitare, Internet diventa uno strumento per segmentare: un gioco da ragazzi per Schmidt, alla testa della piú grande azienda pubblicitaria del pianeta, ma una rivoluzione per la politica americana, e non solo. Nel 2012, per la prima volta, la campagna elettorale nella piú grande democrazia del mondo si trasforma in una guerra di software e, grazie al cardinale della tech, la superiorità dei democratici si rivela schiacciante.

La sera delle elezioni, Schmidt è al quartier generale della campagna a Chicago: una foto sfocata lo ritrae in jeans e camicia a quadri, circondato da mangiatori di patatine fritte. Quella notte, Obama ottiene il cinquantuno per cento dei voti, tre milioni e mezzo in meno rispetto alla volta precedente, ma distribuiti strategicamente in modo tale da consentirgli di conquistare la maggioranza dei grandi elettori. Se la vittoria del 2008 era di natura politica, quella del 2012 ha rivestito un carattere essenzialmente tecnico.

A partire da quel momento, l'aura di santità che emana dal cardinale di Google permea ogni angolo dell'amministrazione democratica. Due settimane dopo la rielezione di Obama, la commissione antitrust, che aveva avviato un'azione legale contro Google, archivia la pratica. Già membro dell'Ufficio per le politiche scientifiche e tecnologiche della Casa Bianca, Schmidt viene nominato presidente del primo Defense Innovation Board, responsabile delle strategie per «garantire la supremazia tecnologica e militare degli Stati Uniti» – secondo la missione da lui stesso formulata per questo nuovo organismo –, e poi della prima Commissione sull'intelligenza artificiale: il cardinale si è stabilito al centro del reattore e la sua parola fa testo su tutti i temi del futuro.

La parabola del cardinale di Google non è che l'esempio piú clamoroso degli innumerevoli casi di *conquistadores* del digitale che sono andati a braccetto con i democratici per anni, praticamente fino alla fine dell'amministrazione Biden.

Questa vicinanza ha fatto sí che il partito degli avvocati, sempre puntiglioso circa il rispetto delle norme e dei diritti, abbia dimenticato di imporre la benché minima regola alle piattaforme su cui si è spostata gran parte della vita politica della nazione. Anche dopo la prima elezione di Trump, quando era ormai chiaro che il potere delle piattaforme stava alterando profondamente il funzionamento della democrazia americana, i democratici non hanno mai pensato sul serio di fare il piú piccolo tentativo per imporre un minimo di responsabilità a coloro che erano chiaramente diventati i nuovi padroni del vapore. E quando la partita si è spostata sul terreno dell'intelligenza artificiale, il partito degli avvocati ha mantenuto la stessa olimpica indifferenza, limitandosi a qualche incontro cordiale con i capi di Google e Microsoft. È grazie a loro se oggi l'IA, invece di svilupparsi sotto il controllo dei governi, come nel caso delle armi atomiche e altre tecnologie militari, si dispiega in maniera incontrollata nelle mani di aziende private che assurgono al rango di Stati-nazione.

Per trent'anni, dalla metà degli anni Novanta a oggi, i democratici americani si sono sdraiati di fronte agli imprenditori della tech che hanno cosí potuto trasformarsi dai simpatici nerd un po' Asperger che promettevano un futuro di fraternità universale, in spaventosi moloch, sempre affetti da Asperger, impegnati in una guerra spietata per la supremazia planetaria e intergalattica.

«L'impero messicano è stato, in un certo senso, conquistato dai messicani», osservava uno dei primi storici della colonizzazione spagnola all'epoca di Montezuma II. Un manipolo di avventurieri, sprovvisti di mappe e senza alcuna conoscenza della lingua e dei costumi locali, non sarebbe mai riuscito a impadronirsi dello Stato piú potente d'America e della sua capitale di duecentomila abitanti, se non avesse potuto contare sulla complicità dei signorotti locali, intimoriti dalle stregonerie dei nuovi arrivati o allettati dalla prospettiva del guadagno.

Nell'èra della colonizzazione digitale, i leader moderati hanno svolto la stessa funzione. Alcuni di loro hanno addirittura cambiato casacca, mettendosi al servizio dei nuovi *conquistadores*. Come l'ex vicepresidente Al Gore, che, dopo aver guidato il processo sulla legislazione di Internet alla Casa Bianca, ha guadagnato centinaia di milioni, prima alla Apple e poi in una società di venture capital della Silicon Valley. O come Nick Clegg, ex vice primo ministro britannico, che è diventato il principale lobbista di Mark Zuckerberg prima di essere licenziato come un maggiordomo qualsiasi pochi giorni dopo la rielezione di Trump.

Nel frattempo, infatti, come c'era da aspettarsi, i *conquistadores* hanno gettato la maschera. Nessuno nega la sincerità di Eric Schmidt o Bill Gates nel presentarsi come bravi democratici progressisti. Alcuni di loro si considerano ancora tali. Ma è chiaro che, al di là delle simpatie individuali, la convergenza tra signori del digitale e predatori è strutturale. Entrambi traggono il loro potere dall'insurrezione digitale e nessuno dei due gruppi è disposto a tollerare alcun limite alla propria volontà di potenza: gli avvocati sono i loro nemici naturali, il bersaglio da abbattere per permettere al nuovo mondo di prosperare.

Nell'ora dei predatori, i Borgiani al potere offrono i territori che governano a mo' di laboratori ai *conquistadores* digitali, permettendo a questi ultimi di dispiegare la propria visione del futuro senza essere vincolati da leggi e diritti d'altri tempi. MbS costruisce enclavi in cui si applicheranno solo le leggi della tecnologia, Bukele ha adottato il Bitcoin come moneta ufficiale del suo Paese e Milei progetta di costruire centrali nucleari per alimentare i server dell'intelligenza artificiale. Trump, da parte sua, ha affidato pezzi interi della sua amministrazione ai piú sfrenati accelerazionisti della Silicon Valley. Sotto la loro guida, il mondo si sta trasformando in un mosaico di territori in corsa verso un futuro postumano, senza la minima barriera di sicurezza.

Gli avvocati si sono inchinati ai nuovi padroni, non solo negli Stati Uniti ma in tutto il mondo. Si illudevano che la loro sottomissione li avrebbe salvati, ma non è stato cosí. Anche quando il cielo gli è caduto sulla testa, la maggior parte non ha capito cosa stava succedendo, proprio come il brillante leader dei liberali tedeschi. Continuano a credere che un dissapore tra Donald Trump ed Elon Musk possa cambiare le cose. Chissà, forse stanno ancora aspettando un De Maistre che gli annunci, come in una celebre lettera indirizzata alla marchesa De Costa: «Bisogna avere il coraggio di ammetterlo, Madame: per molto tempo non abbiamo capito la rivoluzione a cui stiamo assistendo; per molto tempo l'abbiamo considerata *un evento*. Ci sbagliavamo: si tratta di *un'epoca*».

Roma, ottobre 1998.

Si dice sempre che la vecchiaia è la stagione della saggezza, ma il bello è quando succede esattamente il contrario. Non c'è nulla di piú irresistibile della follia di un vecchio che si è liberato di tutti i complessi e di tutte le ambizioni, che non ha piú bisogno né voglia di tenersi buono nessuno e dice le cose come stanno, magari divertendosi, provando a far paura e qualche volta riuscendoci pure.

Quando avevo vent'anni, ne frequentavo uno: aveva letto il mio primo libro, m'invitava a pranzo di tanto in tanto, gli piaceva l'idea di trasmettere qualcosa. Si chiamava Francesco Cossiga: era famoso per le sue depressioni e per la sua intelligenza. Era stato ministro degli Interni all'epoca del rapimento di Aldo Moro, poi presidente del Consiglio e presidente della Repubblica. Nessuna di queste cariche aveva posto rimedio alla sua natura bipolare, che alternava momenti di esaltazione a periodi di depressione. Quando l'ho conosciuto, dava la sensazione di uno che si alzava la mattina con l'unica preoccupazione di sapere come avrebbe occupato quella giornata. E metteva tutta la machiavellica intelligenza che lo aveva condotto ai vertici dello Stato al servizio di quell'unico scopo: divertire sé stesso, magari strappando un sorriso a qualcuno dei suoi amici e un brivido di terrore ai suoi numerosi avversari. Raccontava storie incredibili, analizzava la situazione presente, decifrava i retroscena e, di tanto in tanto, rilasciava un'intervista che provocava una detonazione nel microcosmo della politica romana: minuscoli monumenti d'intelligenza politica, di cinismo, d'ironia feroce e indifferente.

Il segretario dell'ex Partito comunista? Uno zombie con i baffi. Il sindaco di Palermo, Leoluca Orlando? Un povero ragazzo, fuorviato da un prete fanatico, che crede di vivere nel Paraguay del XVII secolo.

Di notte guardava le televendite dei coltelli sulle emittenti locali. Poi chiamava il centralino e ne ordinava un set completo. «So-no Fran-ce-sco Cos-si-ga», scandiva con la cadenza sarda che distingue ogni sillaba con puntigliosità teutonica. E quelli prima non riuscivano a crederci e poi gli mandavano a casa i coltelli gratis.

Aveva la passione della tecnologia e dello spionaggio. Un giorno, dopo pranzo, si è seduto su un divano e ha cominciato a schiacciare i tasti del suo cellulare. Pensavo che stesse chiamando qualcuno, ma dopo qualche minuto lo vedevo lí che continuava, tutto concentrato, a schiacciare i tasti. Ho cominciato a preoccuparmi, stai a vedere che ha perso la testa del tutto. E invece stava mandando il primo sms. All'epoca nessuno immaginava che i telefoni sarebbero diventati un mezzo per scambiare messaggi. Solo l'ex presidente e il direttore dei servizi si scambiavano i primi testi scritti.

Poi, un giorno, è uscito dal suo torpore e ha fatto cadere il governo Prodi. Da allora non l'ho piú visto: era tornato al centro del gioco. L'ho incrociato un giorno a piazza del Pantheon, circondato dalla piccola corte di nani e di ballerine che si forma istantaneamente, a Roma, intorno ai potenti.

«Presidente, ma che è successo?»

Mi ha guardato come se non mi avesse mai visto prima. E poi ha fatto un gesto, come a dire, per me è tutto uguale, questo, gli sms, il governo dell'Italia, i coltelli delle televendite.

Ha spiegato in seguito che aveva dovuto farlo: gli Stati Uniti avevano deciso di bombardare il Kossovo e l'estrema sinistra, che sosteneva Prodi, non avrebbe mai concesso l'uso delle basi militari italiane. «Il problema con gli americani è questo, – diceva. – Prendono sul serio il "sí sí, no no" evangelico e non conoscono l'uso del "forse" e del "peraltro", forme tipiche della lingua politica italiana».

Cose che succedono, in Italia. La realpolitik di Cossiga mi ha impartito una lezione difficile, ma devo ammettere che, anche in seguito, ho continuato ad avere un debole per i vecchi ancora capaci di produrre sorprese. È lo spirito di Tolstoj, che a ottantadue anni scappa di casa e va a morire sul ciglio di una ferrovia che doveva condurlo chissà dove. È l'ultimo Sartre che rinnega il marxismo e s'imbarca nello studio della Tōrāh, scandalizzando i piccoli maestri della Rive Gauche (tradire i discepoli: un altro degli inauditi benefici della follia senile...) È il caso di tutti i personaggi che hanno preferito continuare a dare cattivi esempi, anziché ammorbare i seguaci con i loro buoni consigli.

In apparenza Henry Kissinger non era uno di loro. Un entomologo del potere, piuttosto, che ha continuato fino all'ultimo a coltivare i suoi contatti, al punto da celebrare quattro volte il suo centesimo compleanno – a New York, in Connecticut, nella campagna inglese e in Baviera – per non deludere nessuno dei suoi innumerevoli amici.

Ex consigliere di John Kennedy, poi segretario di Stato di Richard Nixon, storico, diplomatico, Kissinger era l'ultimo esponente della generazione segnata dalla Seconda guerra mondiale che avesse accesso a tutti i grandi della Terra; l'ultimo grande vecchio che poteva volare a Pechino per discutere con Xi Jinping, per poi trasmettere un messaggio riservato al presidente degli Stati Uniti.

Del ruolo di consigliere conosceva intimamente il piacere e la frustrazione. È come essere «nella posizione di un uomo seduto accanto a un conducente che si dirige verso un precipizio, e al quale viene chiesto di assicurarsi che il serbatoio sia pieno e che la pressione delle gomme sia a posto», ha detto una volta.

Oltre a una certa inclinazione per la realpolitik, Kissinger condivideva con il suo amico Cossiga un feroce senso dell'umorismo. «Quando fai politica, – diceva, – hai solo due possibilità: o sei divertente di proposito o lo sei senza volerlo, quindi tanto vale farlo apposta».

A chi gli chiedeva come prepararsi ad assumere un ruolo nel mondo, Kissinger rispondeva con le parole di Winston Churchill: «Studiare la Storia, studiare la Storia, studiare la Storia».

Nulla di piú trasgressivo, in un'epoca in cui i Borgiani puntano sull'amnesia dei popoli per riscrivere la Storia e rinfocolare le passioni dei movimenti antidemocratici della prima metà del XX secolo, mentre i signori della tech trasformano la loro ignoranza del passato in un argomento di marketing.

«È fantastico essere di nuovo a Pechino! Ho iniziato la mia visita con una corsa in piazza Tienanmen», ha scritto Mark Zuckerberg, postando la sua foto in pantaloncini mentre fa jogging sulla piazza dove migliaia di manifestanti sono stati massacrati dall'esercito cinese nella primavera del 1989. «Ho imparato a usare la parola "impossibile" con grande cautela e spero che adotterete lo stesso atteggiamento nella vostra vita», proclama Jeff Bezos, citando uno scienziato nazista come modello della sua impresa spaziale.

Dopodiché, Kissinger era tutto fuorché un vecchio nostalgico. Al contrario, era posseduto dalla curiosità, dal desiderio di capire cosí evidentemente assente nella maggior parte dell'attuale generazione di uomini di potere. Per chi sa usarla, la Storia è prima di tutto un mezzo per capire ciò che succede di davvero nuovo.

Nel 2015, ha raccontato, si trovava a una conferenza e aveva progettato di saltare la sessione sull'intelligenza artificiale, della quale non sapeva nulla e che non lo interessava minimamente. Poi, per scrupolo teutonico, si era presentato all'appuntamento. E lí, colpo di fulmine: il fondatore di DeepMind, Demis Hassabis, introduceva un software in grado di battere il campione mondiale di Go. Ma Kissinger si è subito reso conto che la posta in gioco era molto piú alta. E che, contrariamente a quanto pensava, lo riguardava direttamente in quanto «storico e statista part time», come lui stesso si definiva.

Per la prima volta, osserva, «la conoscenza umana perde il suo carattere personale, gli individui si trasformano in dati e i dati diventano preponderanti». L'IA non è un semplice acceleratore di potere, ma una nuova forma di potere, diversa da qualsiasi macchina inventata dall'uomo fino a ora. Se l'automazione riguardava i mezzi, l'IA si interessa ai fini; stabilisce i propri obiettivi e «sviluppa una capacità che si credeva appannaggio degli esseri umani. Emette giudizi strategici sul futuro».

Se i suoi colleghi piú giovani, avvocati democratici o notabili di Davos, la considerano solo come una faccenda tecnica, Kissinger capisce fin dall'inizio che l'IA è una questione politica. È quel che avrebbe fatto, penso, il vecchio Cossiga, o qualunque tra i leader piú accorti della sua generazione. Avendo conosciuto la guerra in gioventú, nessuno di loro sarebbe caduto nella trappola di considerare il potere come una gara tra tecnocrati armati di slide in PowerPoint. Senza aver bisogno di leggere Montesquieu, sapevano istintivamente che non è consentito sperare che, tra gli uomini, un potere superiore si mantenga entro i limiti di una rigorosa moderazione. Con la loro dipartita, abbiamo perso questa saggezza proprio nel momento in cui stava emergendo una nuova forma di potere. Fin dall'inizio, Kissinger ne coglie la natura profonda. Nelle sue parole, l'IA emerge come una tecnologia borgiana, il cui potere risiede nella capacità di produrre stupore. Come i Borgiani, l'IA si nutre del caos e ne ricava la sorpresa. Certo, la sua capacità di azione è ancora limitata, ma la prossima generazione di modelli in grado di svolgere vari compiti in autonomia si profila già all'orizzonte. Come i Borgiani, l'IA non s'imbarazza di regole né di procedure. Nessuno, nemmeno i suoi ideatori, sa come prende le sue decisioni. L'unica cosa che conta è il risultato – il successo, direbbe Milei –, comunque lo si raggiunga. Non c'è nulla di democratico, né di trasparente nel potere dell'IA. Piú che artificiale, l'IA è una forma di Intelligenza Autoritaria, che accentra i dati e li trasforma in potere. Il tutto nella piú totale opacità, sotto il controllo di un pugno di imprenditori e di scienziati che cavalcano la tigre sperando di non esserne divorati.

Il grande dilemma che ha strutturato la politica del XX secolo è stato il rapporto tra Stato e mercato: quanto della nostra vita e del funzionamento della nostra società deve essere sotto il controllo dello Stato e quanto deve essere lasciato al mercato e alla società civile? Nel XXI secolo, il divario decisivo è tra l'uomo e la macchina. In che misura le nostre vite devono essere sottomesse a potenti sistemi digitali – e a quali condizioni? In definitiva, individui e società dovranno decidere quali aspetti della vita riservare all'intelligenza umana e quali affidare all'IA o alla collaborazione tra umani e IA. E ogni volta che sceglieranno di privilegiare l'umano, laddove l'IA avrebbe potuto garantire risultati piú efficaci, ci sarà un prezzo da pagare.

Lisbona, giugno 2023.

La cosa che colpisce è il senso di smarrimento dei presenti. Eppure, sul palco, ciascuno di noi ha recitato la propria parte. Il consigliere scientifico del presidente americano ha posto le sue domande, educate, neutrali, concepite per non suscitare la minima asperità, soprattutto per non disturbare il monologo trionfante degli oligarchi digitali presenti in sala.

Sam Altman ha risposto da par suo con quegli occhi spalancati che gli conferiscono in ogni momento l'espressione allarmata di una creatura dei boschi, un coniglietto, un cerbiatto, contraddetta dal tono monocorde e dal desiderio di potenza senza limiti che traspare da ciascuno dei suoi propositi.

Demis Hassabis ha incarnato il volto sorridente del postumano, forse ancor piú inquietante dietro la sua affabilità mediterranea, perché si vede che ci crede, che per lui non è una questione di soldi, né di potere, che pensa che l'unica speranza dell'umanità sia quella di affidarsi alla divinità digitale che sta creando nella fabbrica di DeepMind.

Quanto a me, all'inizio ho interpretato uno dei miei ruoli preferiti: quello del tipo che non si capisce bene che cosa ci faccia lí. Poi mi sono reso conto: gli organizzatori del dibattito a porte chiuse sulle prospettive dell'IA avevano bisogno di un umano. Accanto ai semidèi impegnati a immaginare un futuro radioso senza di noi, volevano che ci fosse un essere umano piú o meno normale, pronto a esprimere qualche dubbio sulla loro impresa. Perciò mi sono detto che rifiutare il ruolo di essere umano sarebbe stata una forma particolarmente umiliante di diserzione.

Essendo legata alla politica e agli affari degli uomini, l'esperienza di scriba azteco non conferisce alcuna particolare competenza in materia di intelligenza artificiale, ma in compenso permette di sviluppare una certa competenza in materia di stupidità naturale. E quando si pensa al futuro dell'intelligenza artificiale, bisogna riconoscere che non si limiterà a rafforzare l'intelligenza umana, ma anche la nostra stupidità.

Cosí, un pomeriggio di primavera, mi sono ritrovato in un hotel di Lisbona davanti a un piccolo campione del leggendario *carnet d'adresses* di Kissinger: il segretario generale della Nato e il suo comandante militare, il presidente del Parlamento europeo, due o tre capi di governo, una sfilza di ministri, commissari, capi dei servizi di intelligence, un certo numero di miliardari e di amministratori delegati delle principali aziende del pianeta.

Il sogno a occhi aperti di qualsiasi complottista, la cupola degli Illuminati che governano le sorti del pianeta. E però, se avesse partecipato a quell'incontro, il complottista avrebbe assistito a un fenomeno curioso.

Via via che Altman e Hassabis procedevano nella loro presentazione, il pubblico sembrava sempre piú sconsolato. Essendo il primo affetto dalla sindrome di Asperger e il secondo completamente assorbito dalla sua ricerca messianica, il capo di OpenAI e quello di DeepMind non si sono resi conto di ciò che stava accadendo, ma a vederlo il fenomeno era impressionante. Mentre ascoltavano i due papi dell'IA, i semplici (benché onnipotenti) mortali presenti in sala si rendevano sempre piú conto che non c'era il minimo punto di contatto tra la loro esperienza e il nuovo mondo che si dispiegava davanti ai loro occhi. Peggio ancora, che nessuna relazione umana poteva essere stabilita con i messaggeri della Buona Novella, perché questi ultimi abitavano già un altro mondo dove tutto ciò che fino a quel momento aveva costituito l'essenza dell'avventura umana, a cominciare dall'autonomia dell'individuo, aveva cessato di avere il minimo significato. E piú i tecnologi cercavano di guadagnare la loro fiducia, piú una mano gelata accarezzava la schiena dei partecipanti. A un certo punto, guardandoli accasciati sulle loro poltrone, mi è tornata in mente l'espressione del povero capitano Rocca quella famigerata sera a Chicago. Quel pomeriggio a Lisbona, gli amici di Kissinger, governanti e amministratori delegati, facevano esattamente la stessa faccia del capitano Rocca. Poco importava che la loro posizione nella scala gerarchica non fosse la stessa. Poco importava che decine, centinaia di capitani Rocca fossero appostati tutt'intorno per garantire la loro sicurezza;

poco importava il numero di elicotteri e di tiratori scelti mobilitati per vegliare sull'incolumità degli amici di Kissinger: la verità è che la loro posizione di fronte ai papi dell'IA non era diversa da quella di tutti i capitani Rocca di Lisbona e del resto del pianeta. Li accomunava lo stesso sgomento.

Di fronte al nuovo mondo che si preannunciava, gli amici di Kissinger erano smarriti come chiunque altro. Di piú, se possibile, giacché il loro ruolo li costringeva a proiettarsi nel futuro per fare scelte, elaborare piani e calcolare investimenti. In tale prospettiva, erano abituati all'idea che acquisire informazioni fosse il modo migliore per ridurre l'incertezza sul futuro.

Lungi dal costituire un'istanza del governo mondiale, riunioni come questa servono soprattutto a questo: prendersi una lunghezza di vantaggio grazie allo scambio con altre persone ben informate.

Nell'ora dei predatori, però, questa regola non vale piú. Oggi abbiamo sempre piú informazioni e siamo sempre meno in grado di prevedere il futuro. I nostri antenati vivevano in società molto piú povere di dati, ma erano in grado di pianificare per sé stessi e per i loro discendenti. Noi abbiamo un'idea sempre piú incerta del mondo in cui ci sveglieremo domattina.

Tale paradosso non è congiunturale, ma strutturale. Deriva dalla natura stessa del digitale. Riducendo la realtà a una serie di 0 e 1, la codifica digitale adempie alla sua inesorabile opera di omogeneizzazione, eliminando tutto ciò che non può essere quantificato. Cosí facendo, il passaggio dall'analogico al digitale elide il significato piú profondo delle cose e spalanca le porte al caos.

Ecco perché non abbiamo un futuro, almeno nel senso in cui lo avevano i nostri nonni. I futuri dotati di un minimo di coerenza sono un lusso d'altri tempi, dice William Gibson, di un'epoca in cui l'«adesso» durava di piú. Per noi, tutto può cambiare cosí all'improvviso che futuri come quelli dei nostri nonni non hanno abbastanza «adesso» per reggere.

Una realtà come quella attuale è una realtà in cui solo i Borgiani sono a loro agio, perché prosperano nel caos, e Dio sa che la maggior parte delle persone presenti a Lisbona non nutre la minima simpatia per i Borgiani, che anzi popolano i loro peggiori incubi.

Ma ecco che ora arrivano Altman e Hassabis a prospettargli un'alternativa. L'armonia del mondo può essere ristabilita in tutto il suo splendore. Anche l'IA si alimenta di caos, ma in cambio promette un nuovo ordine. Un governo razionale della società, decisioni prese sulla base di dati: in teoria, sembra il sogno dei tecnocrati. C'è un solo problema. Affinché venga il regno dell'IA, è necessario sostituire la conoscenza con la fede.

Alla domanda: «Le IA saranno un giorno in grado di spiegare come prendono le decisioni?» i tecnologi rispondono che questo non accadrà mai, che i modelli si dimostreranno affidabili e attendibili e che dovremo accontentarci.

Come il Dio di Kierkegaard, l'IA non può essere pensata in termini meramente razionali. L'unico modo per entrarci in relazione è fare un atto di fede. La sua grande promessa è quella di prevedere, anche senza capire. I tecnologi non vedono dove stia il problema. Non interessandosi di storia o di filosofia, non si rendono conto che la loro proposta equivale a un ritorno all'epoca preilluminista, a un mondo magico e incomprensibile governato dall'IA che pregheremo come gli dèi dell'antichità.

«Non sempre gli stessi dèi regnano in cielo, non sempre gli stessi imperi riscuotono le tasse nelle città e nelle campagne», dice Montezuma nel suo dialogo immaginario con Italo Calvino. Lui e tutti i suoi simili si rassegnano di buon grado.

Kissinger, invece, è piú coriaceo. Il suo corpo è cosí deteriorato che ha bisogno di aiuto per reggersi in piedi. E la sua voce cavernosa, celebre da sempre per la sua inintelligibilità, è ridotta a un borborigmo quasi inaudibile. Alla vigilia del suo centesimo compleanno, potrebbe essere in un qualsiasi altro posto. Invece eccolo qui, nel salone di un hotel di Lisbona, intento a discutere di intelligenza artificiale. Delle sue «conseguenze», addirittura, ben consapevole che ne vedrà solo una minima parte.

Anni fa, in seguito al suo primo incontro con Hassabis, si è posto la domanda piú difficile e importante: «Che ne sarà della coscienza umana, se il potere esplicativo che le è proprio sarà superato dall'IA e le società non saranno piú in grado di interpretare il mondo che abitano in termini che abbiano un senso per loro?»

Il vero romanzo annunciatore dell'intelligenza artificiale è *Il processo* di Kafka, dove nessuno capisce cosa stia succedendo, né l'imputato né i giudici che lo stanno processando, eppure gli eventi seguono il loro corso inesorabile. Nell'altro grande romanzo di Kafka, *Il castello*, allorché K, il protagonista, si sforza di concentrarsi sul centro di potere che controlla il suo destino, senza mai accedervi o ottenere la minima delucidazione, il suo sguardo scivola via senza riuscire ad aggrapparsi a nulla. E quando prova a telefonare, tutto quel che sente all'altro capo del filo è un canto di voci lontane o, al contrario, una voce severa e altezzosa che si rifiuta di fornirgli la minima spiegazione.

Per alcuni, il Castello è già qui. Quando diciamo che il futuro è tra noi, ma distribuito in modo diseguale, in genere vogliamo dire che i privilegiati hanno già accesso alle tecnologie del futuro, mentre gli altri sono indietro. Nel caso specifico, la situazione è invertita. Per il momento, il Castello è solo un'ipotesi per le classi piú abbienti, mentre è già una realtà per chi si trova in fondo alla scala. I corrieri, ad esempio, non hanno praticamente piú alcun contatto con un essere umano nello svolgimento del loro lavoro. L'unico interlocutore è un'app sul telefono che assegna loro i compiti, li guida nel lavoro e ne valuta le prestazioni, secondo una logica che a volte pare comprensibile e poi, improvvisamente, diventa impenetrabile. Se qualcosa va storto, se accade un imprevisto o se il meccanismo si inceppa, non c'è nessuno a cui rivolgersi. L'applicazione trae le sue conclusioni ed esprime il suo giudizio. Il buon senso e la sensibilità di un essere umano sono stati deliberatamente estromessi. Al limite il corriere può rivolgersi, pro forma, a un call center a migliaia di chilometri di distanza, dove, dopo una lunga attesa, troverà il conforto di un essere umano impotente quanto lui.

Nel corso del tempo, il Castello occupa nuovi spazi e si estende ad altre sfere di attività. Man mano che le capacità dell'IA aumentano, il Castello sale nella gerarchia sociale. Se gli operai vengono sostituiti dalle macchine e i corrieri sono trasformati sempre piú in macchine, lo stesso fenomeno interessa oggi gli impiegati, i dipendenti pubblici e persino quelle che un tempo venivano chiamate «libere professioni». In un futuro molto prossimo, medici, commercialisti e avvocati dovranno attenersi alle istruzioni dell'intelligenza artificiale e giustificare qualsiasi comportamento deviante che decideranno di adottare. Solo i piú potenti avranno un margine di manovra, e anche in questo caso, chissà per quanto tempo ancora.

Il Castello sta conquistando sempre nuovi territori e verrà il giorno in cui finirà per arrivare anche agli amici di Kissinger – che forse ne hanno un vago presentimento –, allorché sarà stata dimostrata senza ombra di dubbio la schiacciante superiorità degli algoritmi sul giudizio di politici e top manager. Quel giorno, il Castello si sarà esteso alla Terra intera e gli unici a poter ballare, liberi e capricciosi come ritrovati duchi di Sassonia, saranno i sacerdoti del nuovo culto, i *conquistadores* dell'IA, che assaporeranno per un attimo l'ambrosia degli dèi, prima di essere anch'essi condannati all'oblio dalla matrice del postumano.

Lieusaint, dicembre 2024.

Nel grigio infinito e indifferente della periferia di Parigi, c'è un comune di quattordicimila abitanti, che nulla distingue dalle altre periferie, se non il bel nome che porta: Lieusaint, «luogo santo». Il sindaco, Michel Bisson, è un cinquantenne franco e volitivo, con il quale basta intrattenersi cinque minuti per ritrovare tutto ciò che costituisce il fascino della politica locale: radici e conoscenza del territorio, attenzione al dettaglio, ambizione di incidere sulla realtà. Capacità di gestire i conflitti, conciliare esigenze contraddittorie, prendere decisioni in un contesto instabile. Predisposizione a cogliere l'ironia delle cose. Un pizzico di fatalismo. E poi, naturalmente, la necessaria dose di astuzia, il gusto per il comando e il bisogno di attenzione. Ma soprattutto il piacere del contatto umano, il suo calore e le sorprese che riserva. Tutto il contrario degli Asperger digitali e del loro maniacale desiderio di trasformare l'uomo in macchina.

Nel quarto di secolo del suo mandato ne ha viste tante, il sindaco, ma qualche anno fa, si è trovato di fronte a un problema inedito. Ogni mattina, a partire dalle 7, invece di restare sulla statale e sull'A5 che conducono a Parigi rasentando il suo comune, dapprima qualche centinaia, poi migliaia e migliaia di automobili hanno cominciato a uscire dall'autostrada e ad attraversare il tranquillo centro e le zone residenziali a nord di Lieusaint. All'improvviso, un'orda di tir e di suv ha iniziato a sfrecciare davanti alle sonnacchiose villette che costeggiano il Bois de la Flâche e il canale di Ormoy, tra i platani del Mail des Pépinières e davanti alla sala polivalente di rue de Tigery, senza neanche rallentare all'altezza dell'asilo nido di rue du Saule de la Chasse o all'uscita della scuola elementare Le Petit Prince, a meno di esservi costretta dagli imbottigliamenti che hanno iniziato a formarsi un po' ovunque.

Nel giro di qualche giorno, i quartieri residenziali di Lieusaint si sono trasformati in un inferno urbano: portare i figli a scuola è diventato un percorso a ostacoli, si rischia in ogni momento di essere investiti, e poi c'è il concerto dei clacson, i tamponamenti, gli ingorghi, i rallentamenti, per non parlare dell'inquinamento.

Non c'è voluto molto per rendersi conto che la causa di questa invasione era Waze, la app di Google che suggerisce i percorsi piú veloci in tempo reale, e fa risparmiare tempo evitando gli incolonnamenti. Una benedizione per gli automobilisti: una specie di dito di Dio che scende dai cieli per indicare la strada. A differenza di Dio, però, Waze ha una sola missione: far risparmiare tempo ai suoi utenti. Qualsiasi altra considerazione lo lascia indifferente. Se uscire dall'autostrada per attraversare una zona residenziale, sfrecciando a tutta birra davanti ad asili e case di riposo, mettendo in pericolo la pace e la sicurezza dei residenti locali, può far risparmiare anche solo un minuto, un misero minuto di tempo a uno dei suoi milioni di utenti, Waze lo spingerà cocciutamente in quella direzione.

Come i suoi ideatori, Waze soffre di Asperger: tutti i suoi sforzi sono concentrati su un unico obiettivo. Tutto ciò che rallenta il suo perseguimento è solo rumore, nel migliore dei casi inutile o addirittura dannoso.

Il punto di vista del sindaco di Lieusaint è un po' diverso. Bisson è tutt'altro che un luddista. Anni fa è stato uno dei primi sindaci della regione a ospitare un centro elaborazione dati sul territorio del suo comune. Quando torna a casa, gioca ai videogame ed è lui stesso un utente di Waze, ma in questo caso non può non intervenire.

Dopo un'analisi approfondita della questione, decide di modificare la viabilità del paese, rendendo alcune strade a senso unico e abbassando il limite di velocità a trenta chilometri all'ora. Poi fa sistemare un semaforo su Avenue de l'Europe, in un punto dove non serve, con l'unico scopo di far perdere due minuti agli automobilisti e scoraggiare l'algoritmo di Waze. Tutta la questione sta nel dissuadere gli automobilisti di passaggio senza infastidire troppo i residenti. Le misure producono un certo risultato, ma non risolvono il problema.

Bisson decide allora di risalire la filiera. Il problema è che Waze è come tutte le piattaforme Internet. Un nome conosciuto da tutti, centinaia di milioni di utenti, miliardi di fatturato, un impatto profondo sulla vita delle città e dei territori di tutto il mondo. Ma se hai bisogno di parlare con qualcuno, neanche un dipendente in Francia, nemmeno un numero di telefono a cui rivolgersi. Solo il brusio di voci lontane del Castello.

Approfondendo la questione, il sindaco scopre che Waze si basa sul lavoro di cartografi volontari, che classificano i vari tipi di strade e aiutano l'applicazione a sviluppare una percezione piú dettagliata del contesto territoriale. Ancora una volta, come nella maggior parte dei casi, il Castello si appropria di un bene pubblico e lo trasforma in tornaconto privato. Da bravo politico, Bisson cerca di approfittare della situazione rivolgendosi ai cartografi e chiedendo loro di classificare come rurali alcune strade di Lieusaint su cui l'applicazione riversa i suoi flussi di utenti. I cartografi si mostrano comprensivi, ma c'è un limite alle loro possibilità: «Hanno una rispettabilità da difendere, – mi dice il sindaco, – è normale, lo fanno per passione, non possono scrivere quel che gli pare».

A questo punto, non resta che ricorrere all'arma nucleare. I media. Checché ne dicano i social e i loro padroni, che considerano i giornali un'emanazione della classe dirigente, la stampa resta un contropotere. Bisson incalza i giornalisti, li martella con la sua storia, è incisivo, energico, sa il fatto suo. Il «sindaco antiWaze» fa scalpore, anche se gli scoccia un po', essendo tutt'altro che un luddista, ma cosa può farci?

Finalmente qualcuno si palesa dal Castello. Siamo nell'epoca preTrump, in cui le piattaforme si preoccupano ancora un po' della cattiva stampa. Dato che in Francia non c'è una sede di Waze, dal quartier generale europeo di Amsterdam arriva un drappello di galoppini. Bisson li riceve nella sala riunioni del municipio e gli illustra il problema. Quelli sono gentili, comprensivi, prendono appunti. Bisson, che non è nato ieri, capisce subito che sono lí giusto per la forma. È evidente che non hanno alcun potere. Anche loro sono ingranaggi della macchina algoritmica.

Sull'orlo della disperazione, il sindaco chiede almeno di inserire alcuni parametri. Perché, ad esempio, non tenere in considerazione le scuole e gli ospedali, per proteggerli dalle orde indirizzate dall'app?

Gli emissari del Castello lo ascoltano con sussiego, poi si scusano educatamente e tolgono il disturbo. Il sindaco non avrà mai piú notizie da parte loro.

Finita la storia, Bisson alza lo sguardo. Siamo nella stessa sala quadrata del municipio nella quale ha ricevuto la delegazione di Waze. La timida luce invernale che filtrava fino a quel momento dalla finestra è stata sostituita dal bagliore dei neon municipali.

«Crede che abbiano fatto qualcosa?»

«Non saprei, lei che dice?»

«Non credo».

Il sindaco di Lieusaint sorride, la lotta continua.

Nota al testo.

Dove non indicato esplicitamente, le traduzioni dei testi stranieri sono della traduttrice del presente volume.

La citazione in esergo è tratta da C. Malaparte, *Tecnica del colpo di Stato*, Adelphi, Milano 2011.

Nell'introduzione di questo libro si cela una citazione da Sándor Márai che merita di essere letta nella sua interezza: «Può darsi che la luce si spenga nel mondo e che, in seguito a qualche rivolgimento ancora piú terribile della guerra, noi piombiamo in un'oscurità pari a quella che ci avviluppa stanotte; può darsi che anche nell'animo umano le cose evolvano in modo tale che tutto quello che è rimasto in sospeso venga discusso e risolto solo col ferro e col fuoco. Capisco da molti segni che questo momento è vicino». S. Márai, *Le braci*, a cura di Marinella D'Alessandro, Adelphi, Milano 1998, p. 148.

La citazione a p. 9 è ripresa da P. Mérimée, in P. Morand, *Journal d'un Attaché d'Ambassade* (1916-1917), Gallimard, Paris 1996, p. 64.

Le citazioni a p. 12 sono tratte da G. Flaubert, *L'educazione sentimentale*, trad. di Yasmina Melaouah, Bompiani, Milano 2024, p. 433.

Il testo cui si fa riferimento a p. 13 è di J. Ortega y Gasset, *L'origine sportiva dello Stato*, a cura di Carlo Bo, SE, Milano 2021.

Il gioco sulle percentuali delle serie tv alle pp. 14-15 si ispira a D. Sirota, *What «Veep» Got Right about Our Government*, in «Salon», 27 giugno 2013, https://www.salon.com/2013/06/27/what_veep_got_right_about_our_government.

La citazione a p. 17 è tratta dal Discorso di Masoud Pezeshkian all'Assemblea generale dell'Onu del 24 settembre 2024, https://diruz.it/il-discorso-di-pezeshkian.

Per le citazioni alle pp. 18-19 si fa riferimento a V. Surkov, Куда делся хаос? Распаковка стабильности, in «АКТУАЛЬНЫЕ КОММЕНТАРИИ», 20 novembre 2021, https://actualcomment.ru/kuda-delsya-khaos-raspakovka-stabilnosti-2111201336.html.

A p. 19 si riprende una frase di J. Cocteau contenuta nella versione italiana di C. Fruttero, *Gli sposi della Torre Eiffel*, in «Il dramma», 1° marzo 1946, n. 8, pp. 39-43.

La citazione di Tolstoj a p. 21 si riferisce a N. Chiaromonte, *Credere e non credere*, Il Mulino, Bologna 1993, p. 61. Chiaromonte integra con parole sue, che io ho riportato nella frase successiva alla citazione.

Il volume cui si fa riferimento a p. 23 è M. Crépu, *Le souvenir du monde. Essai sur Chateaubriand*, Grasset, Paris 2011, p. 178.

Le citazioni a p. 23 si riferiscono a T. Blair, *On Leadership. L'arte di governare*, Silvio Berlusconi editore, Milano 2024.

La citazione alle pp. 24-25 è tratta da J. F. Kennedy, *Discorso alle Nazioni Unite del 25 settembre 1961*, USIS, Roma 1963.

La citazione a p. 25 è tratta da *Lo storico discorso di Yasser Arafat all'Onu*, in Storiauniversale.it, 13 novembre 1974, https://www.storiauniversale.it/82-lo-storico-discorso-di-arafat-all-onu.htm.

La citazione a p. 26 è tratta dal Discorso di Macron alle Nazioni Unite del 26 settembre 2024. Questa stessa frase è poi stata riportata dal presidente francese in un tweet: https://x.com/EmmanuelMacron/status/1839075470203068518.

La citazione a p. 28 si trova in A. Kojève, *Il silenzio della tirannide*, a cura di Antonio Gnoli, Adelphi, Milano 2004, p. 237.

Per gli argomenti trattati a p. 32 si veda P. Boucheron, *Leonardo e Machiavelli. Vite incrociate*, Viella, Roma 2014.

Per l'episodio narrato a p. 32 si veda F. Guicciardini, *Storia d'Italia*, Einaudi, Torino 1971.

Le citazioni a p. 32 sono tratte da L. Da Vinci, *Trattato della pittura*, parte II, capitolo LXVII, «Come si deve figurare una battaglia», https://www.google.it/books/edition/Trattato__della__pittura__di__Lionardo__da__Vi/NCGUmAVxRBYC?hl=it&gbpv=1&dq=leonardo+da+vinci+%2B+%22il+fumo+dell%27artiglieria%22&pg=PA17&printsec=frontcover.

Il testo cui si fa riferimento alle pp. 41-3 è di N. Machiavelli, *Descrizione del modo tenuto dal duca Valentino nello ammazzare Vitellozzo Vitelli, Oliverotto da Fermo, il signor Pagolo e il duca di Gravina Orsini*, in *Opere*, Gaetano Cambiagi, Firenze 1782, pp. 116-22.

La citazione a p. 44 è tratta da N. Machiavelli, *Il principe*, a cura di Giorgio Inglese, Einaudi, Torino 2013, capitolo III, «Delli principati misti».

Per gli argomenti trattati a p. 46 si veda R. Nimier, *L'Élève d'Aristote*, Gallimard, Paris 1982, p. 93.

Tolstoj ha sviluppato il tema dell'ostacolo incontrato dai potenti, ripreso a p. 46, in *Guerra e pace*. Si veda anche l'eccellente commento di Chiaromonte, *Credere e non credere* cit., pp. 43-82.

La citazione di p. 47 fa riferimento a un passo di J. W. von Goethe, *Colloqui con il cancelliere von Müller*, Astrolabio, Roma 1946.

Le citazioni di N. Bukele alle pp. 51-3 sono tratte dal discorso che ha tenuto all'Assemblea generale delle Nazioni Unite il 24 settembre 2024, nonché dall'articolo di V. Bergengruen, *How Nayib Bukele's «Iron Fist» Has Transformed El Salvador*, in «Time Magazine», 29 agosto 2024, https://time.com/7015636/president-nayib-bukele-interview.

Per il tweet di N. Bukele citato a p. 54 si veda: https://x.com/nayibbukele/status/1854338895674003675?.

Per il discorso di D. Trump citato alle pp. 54-55 si veda: *«One Rough Hour and I Mean Real Rough»: Trump Pitches «Purge»-Like Response to Violent Crime & Theft*, in Forbes Breaking News, https://www.youtube.com/watch?v=uAlgqkRp6gQt.

A p. 61 si fa riferimento a H. Levillain, *Saint-John Perse*, Fayard, Paris 2013, p. 284, voce: «Bismarck».

Il brano a p. 61 fa riferimento alle parole del cardinale di Retz riguardo ai filosofi: «[...] contano zero [in politica], perché non sono gente che sappia maneggiare picca e spada», contenute nelle sue *Memorie*, a cura di Serafino Balduzzi, Luni Editrice, Milano 2018, p. 509.

Per il tweet di D. Trump citato a p. 62 si veda B. Guild, *Trump Tweets Approval of Saudi Arabian Arrests*, in «CBS News», 6 novembre 2017, https://www.cbsnews.com/news/trump-tweets-approval-of-saudi-arabian-arrests/.

La citazione a p. 63 è tratta da W. Shakespeare, *Enrico VI*, atto IV, scena II, trad. di Carlo Pagetti, Garzanti, Milano 2016.

A p. 64 si fa riferimento all'articolo di J. Ganesh, *Beware the Professional Ghetto*, in «Financial Times», 17 agosto 2024.

Alle pp. 76-77 si riprende Y. LeCun, intervento alla Nuit des idées 2022 di Villa Albertine, a New York, https://www.youtube.com/watch?v=f8js70Lig9U.

La citazione dell'ammiraglio von Tirpitz a p. 78 è tratta da P. Sloterdijk, *Les Lignes et les jours. Notes 2008-2011*, trad. dal tedesco di Olivier Mannoni, Libella, Paris 2014, p. 227.

Alle pp. 78-79 Curzio Malaparte descrive la sua routine parigina in *Diario di uno straniero a Parigi*, Vallecchi, Firenze 1966. I cenni biografici sono tratti da M. Serra, *Malaparte. Vite e leggende*, trad. di Alberto Folin, Marsilio, Venezia 2012.

Le citazioni alle pp. 79-83 sono tratte da C. Malaparte, *Tecnica del colpo di Stato*, a cura di G. Pinotti, Adelphi, Milano 2011.

Per le dichiarazioni in apertura di p. 84 si veda: *Elon Musk si schiera con l'ultra destra tedesca: «AfD è l'unica salvezza per la Germania»*, in «il Fatto Quotidiano», 20 dicembre 2024, https://www.ilfattoquotidiano.it/2024/12/20/elon-musk-sostiene-i-neonazisti-tedeschi-afd-unica-salvezza-per-la-germania/7812052/?utm; ed E. La Prova, *Germania, Elon Musk sostiene l'AfD: «È l'unica speranza per il Paese»*, in «La voce di New York», 21 dicembre 2024, https://lavocedinewyork.com/news/2024/12/21/germania-elon-musk-sostiene-lafd-e-lunica-speranza-per-il-paese/.

A p. 87 Amelot de La Houssaye attribuisce la citazione sulla dissimulazione a Luigi XI, che probabilmente non la pronunciò mai, in *Tacite, avec des notes historiques et politiques*, Amsterdam 1721, vol. IV, p. 113.

La citazione a p. 92 si riferisce a W. H. Prescott, *La conquista del Messico*, trad. di Maria Pia Tosti Croce, Newton Compton, Roma 1992.

La citazione a p. 94 è tratta da J. de Maistre, *Lettre à la marquise de Costa*, Sagnier et Bray, Lyon 1846, in C. Cassina, *Il volto tragico della Rivoluzione. Joseph de Maistre tra terrore e provvidenza*, in «Suite Française», Università di Pisa, Pisa 2022, p. 66.

Le citazioni a p. 97 sono tratte da F. Cossiga, *Italiani sono sempre gli altri*, Mondadori, Milano 2007, p. 195.

La citazione a p. 98 è tratta da T. Naftali, *Kissinger's Contradictions*, in «Foreign Affairs», 1° dicembre 2023, https://www.foreignaffairs.com/united-states/henry-kissinger-contradictions-america-secretary-state-tim-naftali?.

La citazione a p. 99 si riferisce a W. Churchill, in H. Kissinger, *Leadership. Sei lezioni di strategia globale*, trad. di Nicoletta Poo, Elena Sciarra e Laura Serra, Mondadori, Milano 2022.

Per il post di Zuckerberg a p. 99 si veda: https://www.facebook.com/zuck/posts/10102721519899101/.

La citazione di J. Bezos a p. 99 si trova in C. Clifford, *Jeff Bezos: You Can't Pick Your Passions*, in CNBC,

7 febbraio 2019, https://www.cnbc.com/2019/02/07/amazon-and-blue-origins-jeff-bezos-on-identifying-your-passion.html?&qsearchterm=Jeff%20Bezos:%20You%20can%27t%20pick%20your%20passions.

La citazione a p. 100 è tratta da H. Kissinger, *How the Enlightenment Ends*, in «The Atlantic», 1° giugno 2018.

Per i riferimenti a p. 107 si veda W. Gibson, *Identification des schémas*, trad. dall'inglese di Cédric Perdereau, Au diable vauvert, Vauvert 2004.

La citazione a p. 108 è tratta da AA. VV., *Le interviste impossibili*, Bompiani, Milano 1989.

Per i riferimenti a p. 109 si veda F. Kafka, *Il castello*, Einaudi, Torino 2014.

Fonti consultate.

Agamben, G., *Stasis. La guerra civile come paradigma politico. Homo sacer II, 2*, Bollati Boringhieri, Torino 2019.

BBC, *The Kingdom. The World's Most Powerful Prince*, in «BBC», https://www.bbc.co.uk/programmes/m001zprq.

Bernabè, F. e Gaggi, M., *Profeti, oligarchi e spie. Democrazia e società nell'èra del capitalismo digitale*, Feltrinelli, Milano 2023.

Chesnot C. e Malbrunot, G., *MbS confidentiel. Enquête sur le nouveau maître du Moyen-Orient*, Michel Lafon, Paris 2024.

Duffy Toft, M. e Kushi, S., *Dying by the Sword. The Militarization of US Foreign Policy*, Oxford University Press, New York 2023.

Ferroni, G., *Machiavelli, o dell'incertezza*, Donzelli, Roma 2003.

Garapon, A. e Lassègue, J., *La giustizia digitale. Determinismo tecnologico e libertà*, trad. di Maria Rosaria Ferrarese, Il Mulino, Bologna 2021.

Hubbard, B., *MbS. The Rise to Power of Mohammed bin Salman*, Crown, New York 2020.

Issenberg, S., *The Victoiy Lab. The Secret Science of Winning Campaigns*, Broadway Books, New York 2016.

Kaiser, B., *L'Affaire Cambridge Analytica*, HarperCollins France, Paris 2020.

Labruffe, A., *Un hiver à Wuhan*, Verticales, Paris 2020.

Lanier, J., *Tu non sei un gadget. Perché dobbiamo impedire che la cultura digitale si impadronisca delle nostre vite*, Mondadori, Milano 2010.

McNeill, W. H., *Caccia al potere. Tecnologia, armi, realtà sociale dall'anno Mille*, Feltrinelli, Milano 1984.

Pocock, J. G. A., *Il momento machiavelliano. Il pensiero politico fiorentino e la tradizione repubblicana anglosassone*, Il Mulino, Bologna 1980.

Schmitt, C., *Machiavelli*, a cura di Giuseppe Cospito, Il Nuovo Melangolo, Genova 2014.

Sudjic, D., *Architettura e potere. Come i ricchi e i potenti hanno dato forma al mondo*, Laterza, Bari-Roma 2012.

Susskind, J., *Future Politics*, Oxford University Press, Oford 2018.

Wylie, C., *Il mercato del consenso. Come ho creato e poi distrutto Cambridge Analytica*, Longanesi, Milano 2020.

MISTO
Carta | A sostegno della gestione forestale responsabile
FSC® C021883

Einaudi stampa su carta HOLMEN (www.holmen.com/paper), certificata FSC®,
con fibre provenienti da foreste sostenibili ed altre fonti controllate.

GRAFICA VENETA
CARBON NEUTRAL

Questo libro è fabbricato da Grafica Veneta S.p.A.
con un processo di stampa e rilegatura certificato 100% carbon neutral
in accordo con PAS 2060 BSI.

Stampato per conto della Casa editrice Einaudi
presso Grafica Veneta S.p.A. - Stabilimento di Trebaseleghe (Pd)
nel mese di settembre 2025

C.L. 27061

Edizione						Anno			
1	2	3	4	5	6	2025	2026	2027	2028